ÉTUDE

SUR

JEAN CAVALIER

PAR

JOSEPH DIZIER

DE VÉZÉNOBRES (GARD)

THÈSE

PRÉSENTÉE A LA FACULTÉ DE THÉOLOGIE PROTESTANTE
DE L'UNIVERSITÉ DE GENÈVE
POUR OBTENIR LE GRADE DE BACHELIER EN THÉOLOGIE

« La vérité est plus forte que ses adversaires, car elle les soumet, et plus forte que ses défenseurs, car elle s'en passe. » *Essai sur la manifestation des convictions religieuses*, par VINET.

NIMES
IMPRIMERIE ROGER & LAPORTE
Place Saint-Paul, 3

1879

ÉTUDE

SUR

JEAN CAVALIER

PAR

JOSEPH DIZIER

DE VÉZÉNOBRES (GARD)

THÈSE

PRÉSENTÉE A LA *FACULTÉ DE THÉOLOGIE PROTESTANTE*
DE L'UNIVERSITÉ DE GENÈVE
POUR OBTENIR LE GRADE DE BACHELIER EN THÉOLOGIE

« La vérité est plus forte que ses adversaires, car elle les soumet, et plus forte que ses défenseurs, car elle s'en passe. » *Essai sur la manifestation des convictions religieuses*, par VINET.

NIMES
IMPRIMERIE ROGER & LAPORTE
Place Saint-Paul, 5.

1879

AVANT-PROPOS

Le nom de Jean Cavalier se rattache à plusieurs questions très-délicates et très-difficiles à traiter, non seulement par les raisons que donne le Dr G. Frostérus, professeur agrégé à l'université de Helsingfords (Finlande)[1], mais aussi parce que cette histoire de guerres religieuses émeut encore les populations des hautes et basses Cévennes. Si l'auteur de la *politique du clergé de France* revenait au monde, il verrait, dans nos pays, que chacun de ses jugements est comme une prophétie qui s'accomplit ; et de nos jours les questions d'Eglise et d'Etat trouveraient un argument pour ou contre dans chacune des batailles de la guerre des Camisards.

Les difficultés du sujet ne se sont pas présentées à nous tout d'abord, bien que nous en parlions tout

[1] *Bibliothèque universelle*, tome XXV, page 450.

d'abord à notre lecteur ; — quel que soit notre résultat, — vivant au milieu de populations qui ont lutté pour leur liberté ; — voyant tous les jours les ruines dont les passions religieuses ont encombré notre pays, nous avons apporté à notre travail toute l'impartialité et tout le calme désirables, désireux d'aboutir à un jugement équitable. Nous avons dû d'abord étudier la partie historique-biographique et deuxièmement voir la question aux points de vue religieux, politique et militaire, pour en dégager enfin la figure de Jean Cavalier, sur lequel nous avons nécessairement à formuler un jugement.

INTRODUCTION

—

RÉSUMÉ BIOGRAPHIQUE

Jean Cavalier est né au mas de Roux, situé à un kilomètre au nord du village des Tavernes, faisant partie de l'ancienne seigneurie de Ribaute [1]. Son père était d'Anduze. Sa mère était du mas de Roux. Comme il n'y a jamais eu d'école aux Tavernes, village pourtant assez important, Cavalier ne reçut que très tard, les premières notions de lecture et d'écriture.

La date exacte de sa naissance n'est pas fixée. M. César Bouvier, descendant de Cavalier, en ligne maternelle, a vu des documents qui donneraient pour date de la naissance de Jean Cavalier l'année 1680. M. N. Peyrat [2] place sa naissance en 1685.

Il existe un document authentique signalé par M. J.-P. Hugues, dans son histoire de l'*Eglise réformée d'Anduze*, lequel document fixe à l'année 1701 la fin de l'apprentissage de Jean Cavalier à Anduze. Voici ce

1 *Relation historique de la révolte des Camisards*, par Ch.-Joseph de Labaume, annotée par M. l'abbé Goiffon. Nimes, 1874, page 119.

2 N. Peyrat. *Pasteurs du Désert*, I, 332.

document : *Je soubsigné, déclare à Antoine Cavallier, du lieu de Ribaute, d'estre comptant* (content), *et satisfait de son fils nommé Jean, qu'il ave* (avait) *mis avec nous en apprentissage du métier de boulanger, tant du prix qu'il m'en donnait que du temps qu'il devoit me servir, dont le quitte à Anduze, le unzième d'avril mil sept cent un.* Signé : DUPLANS. [1]

Si l'on admettait que Cavalier est né en 1680, il faudrait accepter un apprenti-boulanger de vingt-un ans, âge beaucoup trop avancé, même pour une fin d'apprentissage; en adoptant la date de 1685, on place Jean Cavalier en apprentissage à l'âge de seize ans, auquel un jeune homme est assez fort pour remuer la pâte.

Avant d'aller à Anduze, le jeune Cavalier, à côté de sa sœur Marie, grandissait, courant et folâtrant, du Gardon à Vermeil, sous la surveillance d'une mère qui, bien que convertie au catholicisme, — pour avoir la paix dans la maison, — « se hasardait quelquefois, à l'insu de son mari, à le conduire dans les Assemblées du Désert [2]. »

Dans la campagne, l'agriculteur n'aime pas à laisser perdre les forces utilisables. Le jeune Jean était capable de garder les bestiaux ; on les lui fit garder, et bientôt, M. Lacombe, de Vézénobres, offrit d'employer l'enfant comme *pitot* [3] dans ses propriétés de Vézénobres ou dans sa ferme de Campagne [4]. Il est probable que ce fut un sujet de grande joie pour Jean Cavalier, car il a toujours eu pour son ancien maître une reconnaissance

1 J.-P. Hugues. *Histoire de l'Eglise réformée d'Anduze*, 2e édition, page 722.

2 F. Puaux. *Vie de J. Cavalier*, page 2.

3 Goujat.

4 Voyez : *Chroniques du Languedoc, Journal des Camisards*, par Mme Demerez, sœur de l'Incarnation.

profonde, ce qui semble prouver que l'on n'était pas au mieux dans le mas de Roux et que l'enfant n'était pas facile à placer.

M. Charles Sagnier, de Nimes, a découvert un document suivant lequel l'évêque d'Alais, Mgr François de Saulx, (dont le diocèse fut créé, en 1694, par la dragonnade [1],) aurait donné la première communion au jeune Cavalier, dont les parents étaient nouveaux convertis. Il sera intéressant de voir cette pièce inédite dans le nouvel ouvrage que prépare ce jeune savant. Tout en faisant nos réserves, nous remarquons que l'âge de Cavalier, cesserait d'être convenable pour la communion, telle que les catholiques romains l'administrent, si vraiment Cavalier était né en 1680. Tout donc nous porte à admettre que Jean Cavalier est né au mas de Roux, près des Tavernes, en 1685 [2].

C'est certainement à Anduze que le jeune Cévenol commença à penser et à réfléchir. Là il dût s'initier à la vie, là il dût faire des connaissances ; c'est là que son esprit dût s'ouvrir à la lumière.

L'apprentissage fini, il fallut retourner au pays ; le père Cavalier avait déjà l'intention de fonder une boulangerie à Carnoulès, entre Alais et Anduze, près de Saint-Sébastien. Mais « le curé de Vézénobres, mécontent de la » conduite du nouveau boulanger, lui intenta deux pro- » cès, (à J. Cavalier) l'un au civil, l'autre au criminel [3] » pour fait de religion ; il se retira à Genève où il » resta deux ans ; il revint ensuite en France, et il se

[1] N. Peyrat. *Pasteurs du Désert*, I, 234.

[2] On voit encore aujourd'hui, près des Tavernes, le mas de Roux, mais il ne reste de la maison du père Cavalier que le puits, quelques murs et un pigeonnier lézardé.

[3] Labaume. *Ubi suprà*, page 62.

» trouva à la plus grande partie des assemblées séditieuses » qui se firent dans les Cévennes et dans la Vaunage. » Son adresse et son audace l'élevèrent par degré à la » charge de général des Fanatiques, dont il prit le titre » dans ses lettres, ce qui, joint à la qualité de prédicant » et de prophète, dont il remplissait les fonctions dans » toutes les assemblées, le faisait regarder comme un » homme envoyé de Dieu pour rétablir en France la » liberté de l'exercice de la religion calviniste. »

Cavalier a-t-il assisté au fameux serment des Trois Hêtres et à la terrible exécution de l'abbé Duchayla ? (15 juillet 1702). C'est ce que M. N. Peyrat ne se demande pas mais affirme sans preuves [1]. Ce que l'on peut affirmer, c'est que Cavalier apparaît à Aiguesvives pour la première fois [2] ; (novembre 1702).

Suivant M. E. Alby [3], ce « jeune homme » serait arrivé en France pendant le mois d'octobre 1702. Si l'on s'en tient au dire de cet auteur, l'hypothèse séduisante et dramatique de M. N. Peyrat tombe et Cavalier n'était pas au Pont-de-Montvert en juillet. Certainement il assistait au meurtre du curé de Caissargues [4].

C'est par la prédication qu'il se fit d'abord remarquer. Un de ses brigadiers, Montbonnoux, dans ses Mémoires [5], déclare que Cavalier était le prédicateur le plus renommé de tous. Le point de départ de l'homme que

[1] N. Peyrat. *Pasteurs du Désert*, I, 293.

[2] P. Corbière. *Bulletin historique*, 15 juillet 1876, page 298. — Court. *Histoire des Camisards*, I, 93. — Louvreleuil. *Fanatisme renouvelé*, I, 78. — Labaume. *Relation historique*, page 61.

[3] E. Alby. *Les Camisards*, page 78.

[4] N. Peyrat. *Pasteurs du Désert*, I, 339.

[5] *Bulletin historique et littéraire de la Société du protestantisme français*, 15 février 1873, page 77.

nous allons étudier est donc Aiguesvives, entre Nîmes et Montpellier.

S'il fallait suivre la marche de cet infatigable chef d'insurgés, il nous faudrait noter ici presque tous les villages ou lieux dits de la Gardonnenque, de la Vaunage, des rives de la Cèze et de la plaine de Jalez, dans le triangle formé par le sommet de l'Aygoal, le crêt de Vagnas et la ville d'Aiguesmortes. Nous devons nous borner à noter les points principaux [1].

Après sa prédication à Aiguesvives (novembre 1702), Cavalier fait un court séjour dans la Vaunage, monte du côté d'Uzès, passe à Vaquières, au château de Servas, dont il s'empare par ruse : il est à Cendras à la fin de novembre 1702 et au mas de Cauvi [2] où il célèbre la fête de Noël.

Du mas Cauvi, Cavalier descend vers Nîmes en passant par Sauve, et, pendant qu'il est à Nîmes, occupé sans doute à conférer avec des amis, son lieutenant Ravanel, défait le brigadier Poul au lieu dit : Val-de-Bane, près de Candiac.

M. de Broglie monte dans les Cévennes, passe à Anduze, et au moment où il rentre à Nîmes, Cavalier monte à son tour dans les Cévennes en passant par Uzès, et depuis le 11 janvier 1703 jusqu'au 11 février de la même année, ne quitte pas les environs de Barjac. C'est là que Cavalier s'est formé à l'art de la guerre, et son maître fut le chef de bande, Saint-Jean, autrefois militaire.

[1] Nous avons concilié dans ce tracé rapide les récits de Labaume, Louvreleuil et de Mme Demerez, sœur de l'Incarnation.

[2] Le mas Cauvi est actuellement enclavé dans le domaine de M. Destremx, près d'Alais.

Que faisait Jean Cavalier entre Barjac et Vallon? Il cherchait à réveiller le Vivarais, comprimé depuis 1683 [1]. « Folleville, en 1683, avait marché de cime en cime, de combat en combat, de victoire en victoire [2]. » En réalité, les paysans du Vivarais ne se défendirent pas, « ils furent pendus sur toutes les montagnes où naguère ils chantaient les louanges de Dieu [3]. » Le Vivarais prudent ne bougea plus depuis lors. Une victoire des Camisards l'eut peut-être éveillé. — Les combats de Vagnas (10 et 11 février 1703), terminèrent le séjour de la bande de Cavalier dans les montagnes qui avoisinent Vallon. Vainqueurs le 10, les Camisards furent vaincus le lendemain ; leurs compagnies dispersées traversent la Cèze ; le sommet du serre de Bouquet leur sert de point de ralliement. Ces bandes descendent jusqu'à Barutel, près de Nimes, suivant Labaume [4], ou, suivant la sœur Demerez [5] et M. Bonnemère, jusqu'à Saint-Mamert.

M. de Montrevel succède à M. de Broglie [6] (17 février 1703). M. de Baville tenait toujours le Languedoc. Baville, était la loi ; Montrevel, la guerre ; l'un, la raison ; l'autre, la force ; en vérité tous les deux étaient les agents de l'iniquité et de la violence.

Pendant que M. de Montrevel va à Sommières se concerter avec M. de Baville, Cavalier monte vers la montagne de Bouquet ; au moment où Montrevel quitte la plaine

[1] Labaume. *Relation historique*, page 12.
[2] N. Peyrat. *Pasteurs du Désert*, tome I, 203.
[3] N. Peyrat. *Ubi suprà*.
[4] *Relation historique*.
[5] *Chroniques du Languedoc*.
[6] Labaume. *Relation historique*, page 125. — N. Peyrat. *Pasteurs du Désert*, page 404.

pour aller vers le Pompidou, Cavalier descend sur Marsillargues, que Montrevel quittait à peine. Montrevel descend à Nimes (fin mars 1703), Cavalier remonte vers Alais où Montrevel ne tarde pas à le suivre. Ainsi rapprochés des troupes du roi, les Camisards, méditant une nouvelle descente vers la plaine, accourent des montagnes de Malbouysse, et se réfugient dans la tour de Billot [1] non loin du lieu de naissance de Jean Cavalier. Guigon [2] dit Grandjean, posté en sentinelle à Montagnac, au nord et à deux kilomètres de la tour de Billot, trahit le secret de la retraite des Camisards ; ils y sont écrasés [3].

De nouveau décimés, les Camisards débandés, s'épandent dans le pays qui se trouve entre la Calmette, Lédignan et Brueys, se donnant rendez-vous pour ce dernier endroit. C'était l'époque des moissons. On quitte le fusil pour prendre la faulx ou la faucille. Pendant ce temps-là Jean Cavalier se repose auprès de sa fiancée, Mlle Elisabeth Chanurel, de Mazac [4], près de Cardet. Les chroniqueurs signalent quelques désordres à Bernis, à Vic et à Serviers.

M. de Montrevel, incommodé par la chaleur, et désireux de se trouver plus près de la belle Mme de Soustelle, dont les Camisards interceptaient les billets amoureux, se rend à Alais. Cavalier passe à Vic, monte à Potellières, près de Saint-Ambroix, pendant que son lieutenant descend vers Candiac : ainsi tous les deux, Ravanel et Cavalier, reforment leurs bataillons un instant démembrés par les travaux de la moisson, (que les montagnards vont

1 N. Peyrat. *Pasteurs du Désert*, tome I, 447.
2 N. Peyrat écrit à tort Guignon.
3 *Bulletin historique*, 15 février 1873, page 78.
4 Labaume. *Relation historique*, page 202.

faire à salaire dans la plaine[1]) et, lieutenant et chef, se retrouvent à Beauvoisin, le 26 septembre 1703[2].

Le péril devenait imminent, la grande œuvre de la dévastation était résolue. Le roi-soleil, ne pouvant convaincre ses sujets, les exterminait par le feu et la faim. Ce que l'aigle de Meaux, ni le cygne de Cambrai n'avaient pu faire, le vautour des Cévennes, Baville, l'essaiera, pour la plus grande gloire de Dieu et de M. Letellier, confesseur du roi.

Par ordre du roi, les villages et chaumines des Cévennes furent brûlés, depuis le 29 septembre au 14 décembre 1703. « Triste et fatigant ouvrage ! »[3] dit M. Charles-Joseph de Labaume, conseiller au présidial de Nimes, admirateur du roi Louis XIV ; besogne que le doux Fléchier avait jugée « terrible mais utile[4] » et que Julien[5], malade pour l'avoir exécutée, trouve lui-même inutile dans sa lettre à M. Chamillart.

Pendant quarante-cinq jours les montagnes des Cévennes s'éclairèrent de la lueur de plus de dix mille incendies faits au nom du roi, et pendant ce même temps les villes de Nimes[6] et de Saint-Gilles voyaient flamber les grasses métairies de leurs fertiles plaines ou coteaux. « M. de Montrevel brûle la montagne et nous brûlons la plaine » disaient les Camisards. Un des faubourgs de Sommières fût brûlé par Cavalier.

[1] *Journal des Camisards*, par M. Demerez ; *Chroniques du Languedoc*, page 89.

[2] Comparez les historiens Labaume, Louvreleuil, Demerez, Alby, Puaux, N. Peyrat et Bonnemère, *les Dragonnades*.

[3] Labaume. *Relation historique*, page 199.

[4] Fléchier. *Relation à M. de Montausier*.

[5] *Archives de la guerre*.

[6] M. Demerez. *Chroniques du Languedoc*.

Ainsi se continue cette guerre fratricide : les uns et les autres s'acharnent à ruiner par le feu un pays d'ailleurs parfaitement bien garanti des invasions de l'étranger. Montrevel descend à Nimes, dans les premiers jours de décembre 1703. Jean Cavalier monte vers Bouquet, (Labaume dit vers Lussan ; il est probable qu'il monta à Bouquet, par Lussan). Montrevel remonte à Uzès et nous trouvons Cavalier descendu dans la campagne d'Aigues-vives et vainqueur aux roches d'Aubais (1er décembre 1703).

En mars 1704 [1], Camisards et Royalistes se rencontrent aux Devès de Martignargues. Cavalier, du haut d'une éminence, dirigeait les Camisards [2] ; les royalistes furent battus.

M. de Montrevel, qui dépensait beaucoup d'argent au roi et qui n'avait pu s'entendre avec ce « robin » de Baville comme il l'appelait, fut envoyé en Guyenne, mais avant de partir, il infligea à Jean Cavalier une défaite complète près de Nages [3] (avril 1704). L' « aimable Montrevel [4] » dit après ce carnage : « C'est ainsi que je prends congé de mes ennemis. »

Cavalier se rendit à Puechredon [5], puis coup sur coup à Euzet ; poursuivi par les troupes du roi, à Euzet, il fut surpris de nouveau [6]. Ses magasins de munitions et de vivres furent découverts. Repoussé jusques à Bouquet, errant de solitudes en solitudes, le jeune chef Cévenol

1 Labaume. *Relation historique*, page 274. — Louvreleuil, III, 47.

2 Labaume. *Ubi suprà.*

3 *Mémoires d'Aygaliers*. Biblioth. universelle, n° 100, page 622, publiées par G. Frostérus. — Louvreleuil, III, 37.

4 Labaume. *Relation historique*, 291.

5 Relation de Montbonnoux dans le *Bulletin historique*.

6 Louvreleuil, III, 47.

écouta les paroles de conciliation que lui faisaient entendre [1] de part et d'autre et M. le baron d'Aygaliers, et Lacombe, de Vézénobres, son ancien maître, pour lequel il avait conservé le plus sincère attachement.

L'illustre maréchal de Villars, le vainqueur du comte de Stirum à Hochstedt, avait remplacé M. de Montrevel; il arrivait à Nimes le 21 avril, trouvant le terrain parfaitement préparé par les diverses infortunes qu'avaient subies les paysans de Cavalier, soit à Nages, soit à Euzet, et, chapitré à outrance par Julien, pour l'oreille gauche et par le baron d'Aygaliers, pour la droite [2].

Il fut convenu entre Cavalier et Lacombe que des négociations seraient entamées entre Cavalier et Lalande, brigadier du roi, en résidence à Alais. En conséquence, les deux capitaines se trouvèrent au pont d'Avesne, à une lieue environ d'Alais [3].

Cavalier vint au rendez-vous et bientôt après fut reçu à Nimes, où il traita directement avec le maréchal de Villars, au grand déplaisir des Camisards, plus calvinistes que Calvin, et des catholiques, plus royalistes que le roi.

A partir de ce moment, Cavalier devint l'homme de Villars et cessa d'être un des chefs des Camisards; il se rendit à Calvisson et à Anduze pour ramener à la paix le

[1] *Mémoires d'Aygaliers.* — *Mémoires d'un gentilhomme protestant.* Biblioth. universelle, nº 100.

[2] *Mémoires d'un gentilhomme protestant.* Biblioth. universelle, tome XXIV, XXV, XXVI.

[3] Il y a deux ponts d'Avesne, l'un entre Alais et Vézénobres, près de Saint-Hilaire-de-Brethmas; l'autre entre Alais et le village de Méjeanne-lès-Alais. Ce dernier pont d'Avesne est plus près d'Alais que le premier. La tradition place l'entrevue de Cavalier et de Lalande à ce dernier pont; suivant la relation de Montbonnoux ce serait à l'autre. — Voir *Bulletin historique*.

farouche Ravanel [1] et le sombre Roland. Il ne put y réussir ; mais le roi lui accorda le brevet de colonel d'un régiment qu'il composerait à sa guise. Cavalier partit donc désireux de voir le roi, arriva à Mâcon, d'où il fût mandé à Versailles. « Suivant les Mémoires publiés sous » le nom de l'ancien chef des Camisards, le roi l'aurait » très-bien reçu [2] ; suivant Court, au contraire, le roi le » voyant sur son passage à Versailles, passa en détour- » nant la tête [3]. Dangeau, qui parle assez souvent dans le » courant de l'année 1704 de Cavalier, ne fait aucune » allusion à cet incident, qui n'aurait certainement pas » passé inaperçu à la cour ; à la date du 4 juillet, il » mentionne que Cavalier est demeuré fidèle. On l'a fait » partir avec cent-trente hommes de ceux qui l'ont suivi » pour aller au Neuf-Brisach, « mais ayant eu vent que » cette résidence devait être une véritable prison pour » lui, il s'enfuit avant d'y arriver [4]. »

« Arrivé à Onan, village à trois lieues de la frontière, » pays bocager et propice à son évasion, le chef Cami- » sard prévint sa troupe, et, sur les neuf heures du soir, » décampa furtivement avec elle, se jeta dans la prin- » cipauté de Montbéliard, puis dans le Porrentruy, et de » là en Suisse. Le 1er septembre 1704, il arriva à Lau- » sanne [5]... » Cavalier n'avait que dix-neuf ans.

« Nous le retrouvons, commandant un régiment, dans » la vallée d'Aoste, au mois de septembre, contre M. de » la Feuillade, lors de la prise du fort de La Tuile et des

[1] Voir de curieux détails dans la Bibliothèque universelle. *Mémoires d'un gentilhomme protestant*, page 624.

[2] Voir Peyrat. *Pasteurs du Désert*, II, 198, la note.

[3] Court. *Histoire des Camisards*, III, 7.

[4] E. de Barthélemy. *Chroniques du Languedoc*, n° 55.

[5] N. Peyrat. *Pasteurs du Désert*, II, 198.

» retranchements qui défendaient cette contrée. Cava-
» lier faillit être pris et passa pour mort[1]; il entra
» ensuite au service de l'Angleterre et eut un comman-
» dement en Espagne; il se distingua avec son régiment
» à la bataille d'Almanza (1707), puis, il s'attacha au
» prince Eugène et assista au siège de Toulon, (1707).
» Il revint ensuite en Angleterre avec le grade de
» major-général et le gouvernement de l'île de Jersey;
» il mourut à Chelsea, au mois de mai 1740[2]. »

Voici la copie d'un document édité par le *Bulletin historique* :

Extracted from the Parocial Register of S. Luke Chelsea, in the County of Middlesex.

Burials A. D. 1740

May 18

Brigadier JOHN CAVALIER

Sloake Elsmere, rector.

I certify the above to be a true copy.

Charles Kingsley, rector.

[1] *Dangeau*, x, 141.

[2] E. de Barthélemy. *Chroniques du Languedoc*, nº 55, page 3.

I

LA RELIGION

§ I. — LE PÈRE

Dans les montagnes des Cévennes comme dans la Gardonnenque et la Vaunage, l'autorité dominante et sans appel est celle du père de famille. Province fière et ivre de liberté, le Languedoc fut la première à se dégager de l'autorité des seigneurs. Le vassal, devenu riche, vivait à côté du feudataire; en vérité, jamais les grands possesseurs de fiefs, les d'Aygaliers, les du Roure, les d'Uzès, n'eurent une autorité profonde sur cette race goguenarde et travailleuse; bien moindre encore fut la puissance du clergé. Enveloppé par l'amour intéressé de ses ouailles, le prêtre était bientôt obligé de s'humaniser et de montrer à tous qu'il n'était ni plus ni moins qu'un homme. Obligé de s'avouer leur égal par l'esprit, il était bientôt leur inférieur quant aux travaux du corps; on lui faisait sentir qui le nourrissait, et d'où provenaient les deniers qui le payaient; au besoin, on faisait des mémoires au sujet de la dime[1],

[1] Archives de la commune d'Aygaliers.

où le prêtre, sans être maltraité, était simplement mis à sa place comme salarié de la commune. Depuis longtemps, dans le Languedoc, même avant l'explosion de la Réformation, on avait contesté toute autorité artificielle, telle que celle des nobles sans argent, et des prêtres sans science. Il ne reste plus à l'époque de Jean Cavalier que deux autorités incontestées : 1° Celle du roy ; — 2° Celle du père de famille.

Du père de famille dépendait la religion de la famille [1]. Mais quelle était cette religion? Du temps de Jean Cavalier, le père de famille n'avait déjà plus souci ni du dogme, ni de la forme du culte. Il n'en avait pas besoin ; l'important pour lui était de rentrer ses foins, de soigner ses magnans, nouvelle importation de Sully, d'enfermer ses récoltes et de les protéger autant que possible, lorsqu'elles étaient sur pied, contre les crues inopinées de l'un ou l'autre Gardon. On ne demandait au curé que le silence, au seigneur que l'éloignement, et au roi que la paix. Assis le soir autour d'une table frugale, les uns et les autres écoutaient les avis du père de famille, qui, à de certains moments, devenaient des ordres solennels et irrévocables. Au dehors, pour avoir la liberté et la tranquillité, on allait jusqu'à des concessions dédaigneuses, passagères, mais dangereuses.

Lorsque le roi-soleil voulut faire l'unité de religion, il supposait bien que sa province du Languedoc lui était, dès longtemps, dévouée. Mais le roi ne savait pas que l'homme de ces pays met sa croyance, quelle qu'elle soit, au-dessus du roi lui-même. Beaucoup d'hommes, à Anduze, à Alais, à Nimes, à Aiguesvives, comprirent en souriant que le roi était trompé sur les

[1] *Les Camisards*. A. de Lamothe, I, 372.

affaires du Languedoc [1]. Le paysan rusé vit bien que c'était là une affaire de clergé, instigateur ardent et acharné de la Révocation [2]. On donna au roi ce qu'il demandait; on se convertit en masse et par délibérations [3] ; ces conversions faisaient sourire les esprits clairvoyants de l'époque; paysans et citadins n'hésitaient pas à donner à M. de Bâville des gages non équivoques de leur rentrée dans le giron de l'Eglise gallicane [4].

C'est qu'au fond, une autorité supérieure incontestée les dominait tous : l'autorité du père de famille. Dans la rue, on était catholique pour faire plaisir au roi ; dans l'asile inviolable de la maison, on obéissait au père, et le père obéissait à sa conscience. On communiait pour ne pas être dénoncé par le curé, mais « plusieurs » croyaient diminuer l'horreur du sacrilége qu'ils com» mettaient par force et contre leur conscience en n'ava» lant pas l'hostie ; ils la gardaient dans la bouche et la » crachaient dans quelque coin ou dans leur mou» choir [5]. »

On disait : le roi veut détruire la religion prétendue réformée (la R. P. R.), c'est un plan arrêté dès 1668 [6] ; le paysan et le citadin languedociens l'entendaient dire mais tant que les enfants étaient autour du père, l'autorité paternelle répondait d'eux. Pour tuer la religion il

1 *Mémoires d'un gentilhomme protestant*, dans la Bibliothèque universelle. — *Mémoires du duc de Noailles*. Paris, 1777, I, 24. — Rulhières. *Eclaircissements historiques*.

2 E. Gaujoux. Thèse sur J. Claude, page 12.

3 *Mémoires du duc de Noailles*. — Fléchier. *Relations à M. de Montausier*. — Guérin-Ponzio. *Aiguesvives*.

4 Louvreleuil. *Fanatisme renouvelé*.

5 *Mémoires d'un gentilhomme protestant*. Bibliothèque universelle, nº 99, page 456.

6 Michelet, XIII, 127.

fallait détruire la famille, c'est-à-dire détruire le royaume lui-même. Le roi, pensaient les huguenots, se garderait bien de se tuer lui-même. Hélas ! où le roi avait hésité [1] les jésuites n'hésitèrent pas. Les prêtres [2], ces hommes qui n'ont pas de famille légitime, ne voulurent pas comprendre qu'ils commençaient eux-mêmes la ruine de la société en enlevant les enfants à leurs pères, comme ils l'avaient déjà commencée d'autre part en avilissant les nobles. Ces déracineurs de nation osèrent s'attaquer à ceux qui sèment et qui font grandir les nations ; c'est une de ces inepties monstrueuses que le calvinisme conservateur ne pouvait imaginer. Letellier a dressé l'échafaud de Louis XVI [3].

Ne pouvant calculer cela les protestants de ce temps se laissaient enlever peu à peu leurs synodes provinciaux, leurs synodes nationaux, leurs institutions et leurs établissements d'instruction, tant pour les fidèles en général, que pour ceux qui se destinaient au ministère évangélique. N'avait-on pas l'autorité paternelle, puissante et éclairée le plus souvent par la conscience intuitive de la mère ? Ainsi les pères abandonnaient sans beaucoup de regrets tous les droits et toute l'organisation de notre église en France. « L'indépendance politique de notre union, les passions et les intérêts de quelques chefs de parti parmi nous d'un côté, le perfide fanatisme des jésuites, l'intolérance et la superstition de la cour, amenèrent finalement la ruine totale des Eglises réformées [4]. »

[1] *Ecrit de Louis XIV*. Lettres de Mme de Maintenon.
[2] Voyez Labaume. *Relat. hist.*, pages 28, 29, 270, 283, 332, 352.
[3] Voir de Félice. *Histoire des protestants*.
[4] Cunitz. *Considérations historiques sur le développement du droit ecclésiastique en France*. Strasbourg, 1840.

Ainsi les pères, trop sûrs de leur puissance dans leur maison, se montrèrent indifférents pour l'extérieur, et acceptèrent une paix apparente en échange d'une réelle transaction entre leur foi et leur conscience.

Tel fut l'exemple que Jean Cavalier eut devant ses yeux, et cet exemple partait de l'autorité la plus respectable, la plus sacrée, de l'autorité paternelle ; or, l'esprit de l'enfant est simple, il ne comprend pas les nuances ni les rapports : ce qui, dans la pensée du père est un moyen, dans la pensée de l'enfant, plus droit, moins habile, est un résultat. On conçoit sans peine, en ce qui concerne Jean Cavalier, quel effet fâcheux la conversion de son père produisit sur le fils, elle l'habitua à tenir pour peu de chose la religion; elle tendait à lui faire méconnaître la véritable lumière chrétienne.

§ 2. — LA MÈRE

« L'influence directrice sur l'esprit de la famille appartient plutôt à la femme. Eh! qui ne sait ce que peut une mère [1]. » Pendant que le père de Jean Cavalier avait rapporté d'Anduze un esprit de trop grande largeur religieuse, la mère de Jean Cavalier, qui avait toujours vécu dans le mas Roux, et dont les plus grands voyages, (avant que son mari prit la ferme de Saint-Andéol près de Mende), n'avaient pas dépassé Anduze ou Lédignan, tenait plus fortement au culte tel que le lui avaient ensei-

[1] A. Bouvier. *Etude sur les conditions du développement social du Christianisme*, page 210.

gné son père, sa mère, et son pasteur [1] actuellement en exil. A ce moment-là, « dans ces plaines et dans ces » saintes montagnes, le Dieu de nos pères aurait encore » reconnu le petit troupeau qui fournissait des victimes » à la persécution, mais où l'on n'aurait pas trouvé un » seul persécuteur [2]. » Quand les heures de longue veillée venaient, quand le soleil s'était couché du côté d'Anduze, le jeune enfant rentrait dans cette maison que Montrevel devait faire démolir quelques années plus tard [3].

A garder les bestiaux, l'intelligence du jeune enfant ne se serait guère ouverte aux choses de la religion, mais la mère apprenait à son fils aîné les récits bibliques qu'elle avait elle-même entendus en des temps meilleurs de la bouche de M. Mote, alors pasteur à Ribaute. Puis venait le récit encore vivant des guerres de M. de Rohan, et par moment, les regrets de

> ... La saison
> Où j'allais en ta maison,
> Chantant avec les fidèles
> Tes louanges éternelles.

Ces récits étaient probablement entrecoupés par le chant de nos vieux psaumes. « Hélas ! maintenant il nous faut manger le *basilic* [4], il faut plier le genoux devant un Dieu de mensonge. »

Ces récits, ces catéchismes, que la mère faisait simple-

[1] M. Mote. *Archives de Ribaute.*

[2] J. Cougnard. *Ce qui sauve*, sermon prononcé à Nimes, le 9 octobre 1867.

[3] Bonnemère. *Les Dragonnades*, page 47.

[4] L'hostie. *Théâtre sacré des Cévennes.*

ment à Marie et à Jean, laissaient une trace profonde dans l'esprit du jeune homme. Mais le père rentrait, ordonnait le silence. Avant tout il faillait ne pas éveiller les soupçons du curé de Vézénobres, qui aurait averti le doyen de Sauzet, lequel aurait immédiatement écrit à l'évêque d'Uzès, à l'évêque de Nimes et à l'évêque d'Alais.

Cependant, l'influence de la mère fut décisive, et Cavalier resta protestant.

§ 3. — INFLUENCE DES TIERS

Dans les pays de soleil et d'azur, comme le Languedoc, l'enfant grandit hors de la maison paternelle; il rencontre des influences extérieures, qui, avec ou sans préméditation, agissent beaucoup sur sa nature molle, comme dit Horace, et de cire. Nul doute que Cavalier, enfant blondin et pensif, n'ait attiré l'attention de bien des gens de Ribaute. Nous ne pouvons dire ici quelle fut la part que purent avoir dans cette influence le curé qui desservait Ribaute, ni même l'évêque d'Alais. Il parait certain, que Mgr François de Saulx, l'ami intime du galant Montrevel, reçut Jean Cavalier à la communion [1] ; il fallut donc que ce dernier ait reçu une certaine instruction religieuse. Il n'est pas impossible, non plus, comme le fait remarquer M. Puaux, que le père de Cavalier, à l'aide du gros sel des paysans, et la mère, par de simples paroles venues du cœur, détruisissent chaque soir l'œu-

[1] Ch. Sagnier. *Documents encore inédits.*

vre de ténèbres commencée par les instituteurs papistes [1]. Ces influences, diamétralement opposées les unes et les autres, se contrebalançaient et faisaient naître le doute. L'esprit de l'enfant était ainsi préparé pour recevoir tout autre idée que rien ne viendrait combattre et contrarier.

Cette autre idée, l'idée d'un Dieu-nature, il l'avait déjà entendu préconiser par son père ; elle dominait parmi les nouveaux convertis. N'appelaient-ils pas fanatiques ceux qui, catholiques, d'une part, ou huguenots, d'une autre part, tenaient ferme dans leurs opinions [2] ? Ce genre de naturalisme grandit quand le jeune berger se trouva à côté de son nouveau maître Lacombe, fermier du mas de Campagne [3], près de Nîmes et non loin du village d'Aiguesvives.

Ce Lacombe, honnête homme au demeurant, dont la famille est disparue de Vézénobres, mais dont le type est éternel dans la Gardonnenque, connaissait la valeur du temps, des hommes, et surtout de l'argent. Pour lui, les choses de la foi étaient des chimères, bonnes pour les femmes et pour les enfants. Quand, au pont d'Avesne, Lalande, brigadier du roi, jeta des louis d'or aux Camisards alignés, non loin des dragons du roi, Cavalier avait dit : « Nous ne combattons pas pour de l'argent. » Et cet or fut remis à Cavalier, il y en avait environ 70 écus [4]. Montbonnoux (ou Bombonnoux) ajoute : « On remis tout entre les mains de Cavalier, qui le donna à M. Lacombe, en faveur des pauvres de Vézénobres. »

[1] Voir F. Puaux. *Vie de J. Cavalier*. Grassart 1868.
[2] P. Hugues. *Histoire de l'Eglise réformée d'Anduze*. passion.
[3] *Journal des Camisards ; Chronique du Languedoc*, page 409.
[4] *Mémoire de Bombonnoux ; Bulletin historique*, 15 mars 1873, page 124.

Ce fut Lacombe que le perspicace Bâville, choisit pour être l'agent des négociations[1]. Dans le système de M. de Bâville, Lacombe est le pendant, le contrepoids nécessaire à l'influence du protestant d'Aygaliers, que les jésuites ne voulaient pas voir le seul négociateur d'une affaire si importante ; Lacombe était un homme adroit[2].

Or, Lacombe fut le maître de Jean Cavalier et certainement cette influence fut grande sur l'esprit du jeune homme.

Mais Lacombe ne fut pas le seul. Lorsque Cavalier arriva à Anduze, pays natal de son père, il y habita pendant quelque temps[3]. Il était apprenti boulanger. Nous avons indiqué, dans l'introduction, la date de la fin de cet apprentissage (1701). Jean Cavalier est resté à Anduze à l'âge où l'adolescent devient un homme ; au moment où les yeux de l'enfant s'ouvrent à la lumière de la vie. C'est dans ce séjour à Anduze que se trouve toute la vie de Jean Cavalier. Dans cette ville très-avancée et très-travailleuse l'apprenti boulanger, jeune et ami de la gloriole, entouré des membres de sa famille paternelle, éloigné de l'influence de sa mère, devait se mêler à la société des hommes de son temps. Il s'affilia à des sociétés sans doute très-estimables, mais dans lesquelles il apprit la force et en même temps l'orgueil de la vie.

Cependant Cavalier ne connut pas les pratiques du verrier Du Serre, ou s'il les connut, il ne fit pas partie d'une de ces écoles de petits prophètes que le gentilhomme verrier avait établies près d'Anduze. Peut-être Cava-

[1] *Mémoires d'un gentilhomme protestant.*— N. Peyrat. *Pasteurs du Désert.* I, 157. — Labaume. — Louvreleuil, etc.

[2] Labaume. *Relation historique*, page 295. — Louvreleuil. *Fanatisme renouvelé*, III, 63.

[3] J.-P. Hugues. *Histoire de l'Eglise réformée d'Anduze*, page 722.

lier et Du Serre eurent-ils des relations amicales ; — mais à côté du gentilhomme Du Serre, qu'était le jeune apprenti boulanger ? — Un frère et voilà tout.

On peut affirmer, sans entrer dans le champ des hypothèses, que Jean Cavalier ayant fini son temps d'apprentissage chez M. Duplans, boulanger d'Anduze, ne quitta cette ville qu'après avoir placé dans son cœur, à côté de la religion de son enfance, une religion pompeuse, ritualiste, dont l'éclat lumineux convenait davantage à sa vanité bien connue dans l'histoire.

§ IV. — GENÈVE

Cavalier, revenu d'Anduze dans son village, entouré d'hommes, se sentant fort, parla. Moins prudent que son père, il laissa échapper des paroles de liberté. Eh ! qui aurait pu à son âge ne pas parler ? N'était-ce pas le moment où les persécutions devenaient tout à fait intenses ? N'avait-il pas été lui-même le jouet de l'évêque d'Alais ? Les temples protestants n'étaient-ils pas fermés ? N'empêchait-on point aux huguenots d'adorer le Dieu que l'édit de Nantes leur avait permis d'adorer ? Ayant parlé, Cavalier fut entendu. Le clergé comprit qu'il y avait une tête sous l'apparence de ce boulanger : « le curé de Vézénobres lui ayant fait deux procès, l'un civil et l'autre criminel, pour fait de religion, dit le consciencieux et exact Labaume [1], il se retira à Genève où il resta deux ans. »

[1] Labaume. *Relation historique*, page 62.

A Genève, Cavalier retrouva quantité de Français réfugiés ; il y retrouva le culte protestant qui, en France, ne s'exerçait plus que dans le Désert ; il vit et entendit les ministres exilés ou Genevois, qui, de nouveau, lui reparlèrent des choses dont sa mère l'avait autrefois entretenu. Sa mère l'avait empêché de verser dans le catholicisme, Genève le raffermissait dans le christianisme. Mais ses anciens amis l'engagèrent à retourner dans son pays où d'autres amis n'attendaient que son retour.

§ V. — LE MINISTÈRE

Il n'y a pas à en douter : Jean Cavalier fut prédicateur. C'était la seule manière de se faire connaître à des populations qui ont toujours aimé l'art de la parole ; Jean Cavalier prêcha à Aiguesvives pendant le mois de décembre 1702, suivant Labaume et Louvreleuil[1] ; en novembre de la même année, suivant Court[2]. Il parcourt la Vaunage, l'Uzège, il assiste aux assemblées[3], avant d'avoir commandé quelque action militaire que ce soit. Il prêchait. A cette époque-là les catholiques fournissaient à peine un sermon par mois, tandis que les calvinistes des mêmes lieux, en faisaient un par jour[4].

1 Labaume. *Relation historique*, page 61. — Louvreleuil, I, 65.
2 Court. *Histoire des Camisards*.
3 Labaume. *Relation historique*, page 64.
4 *Mémoires du duc de Noailles*, I, page 17. Paris, 1777.

En 1683, les protestants du Languedoc étaient habitués à des sermons substantiels et graves. On a dit que pour bien comprendre l'importance de la prédication, il faudrait la supposer supprimée pendant une génération « et l'on verrait comment il en irait[1]. » L'hypothèse ci-dessus était devenue un fait, les Cévennes, le Vivarais et la Vaunage n'avaient ni culte, ni prédication. Les prophètes, « mouvement spontané de la conscience » outragée du peuple cévenol, dont l'inspiration est une » pénétration intime et continue du monde invisible[2] » n'en étaient pas moins des « ignorants, que le peuple » suivait avec zèle, à défaut de pasteurs éclairés et dont » les absurdes prédictions étaient reçues avec une pleine » confiance et une dangereuse docilité[3]. »

Suivant Labaume[4] ces prédicateurs improvisés n'étaient qu'un des ressorts de la machine. Sans donner aux opinions de Labaume, Louvreleuil et Valette[5], une impartialité qu'ils n'ont pas, nous pouvons affirmer que les protestants du Languedoc manquaient de l'élément du culte auquel ils attachaient le plus d'importance[6] ; il suffisait du reste que les lettres d'amnistie du mois d'août 1683 aient exclu du pardon les ministres qui avaient prêché,

[1] M. Cougnard, dans son *Cours sur la Prédication*, 1875.

[2] A. Dubois *Thèse sur les Prophètes cévenols*, 1861, Strasbourg, page 156. Ce n'est pas le lieu de discuter cette question, mais on peut consulter : les *Prophètes protestants*, réimpression du *Théâtre sacré des Cévennes*, Paris, Delay, 1847. — *Bulletin historique et littéraire*, 1869 ; 10, 11, 12.

[3] S. Vincent. Préface de l'*Histoire des Camisards*, de Court, I, X. — De Félice. *Histoire des protestants*, page 475. — *Bulletin historique et littéraire*, 1873, 15 mars, page 129.

[4] Labaume. *Relation historique*, page 33.

[5] Valette. *Histoire des troubles des Cévennes*, I, page 84.

[6] Mémoire de Noailles. *Ubi suprà.*

pour que ce peuple fut d'autant plus désireux de conserver, à tout prix, une institution ou plutôt l'apparence d'une institution sans laquelle le calvinisme n'est rien.

Cet homme, Jean Cavalier, ayant une intelligence vive et dont Malesherbes devait plus tard faire un remarquable éloge, « ce paysan grossier qui, admis à vingt ans dans la société des gens bien élevés, en prit les mœurs et s'en fit aimer et estimer, cet homme qui eut assez de philosophie naturelle, pour jouir pendant trente-cinq ans d'une vie tranquille et privée [1], » cet homme devait avoir une parole claire, intéressante et persuasive. Il serait devenu bon prédicateur, mais le prédicateur fit bientôt place à l'homme d'Etat.

[1] Haag. *France protestante*, tome III, art. Cavalier.

II

LA POLITIQUE

Art. I. — POLITIQUE INTÉRIEURE

§ 1. — LE ROI

Le roi avait dit en partant pour la guerre de Hollande (1672) « c'est une guerre religieuse. » Elle fut, dans la pensée suprême qui menait les ministres du roi, une guerre de vengeance et de religion [1]. A Tertullien et à Lactance qui avaient écrit que la religion n'admet aucune violence, aucune tyrannie, qu'elle doit être embrassée volontairement et non par contrainte ; à ces pères qui avaient affirmé que chaque homme reçoit de la nature le droit d'adorer Dieu comme il l'entend, Bossuet avait répondu par l'oppression des consciences. « Il ne se contenta pas » d'être le grand-prêtre de la religion de son Dieu, il » voulut être et il fut le grand-prêtre de la religion » de son prince [2]. » « Aussitôt que Louis XIV, dit Lamartine, aussitôt que Louis XIV, entouré par Anne

[1] Michelet. *Histoire de France*, XIII, page 127.

[2] Lamartine. *Bossuet*, page 264.

» d'Autriche, sa mère, de fervents catholiques et de » pontifes imbus des traditions espagnoles, eut le règne » en main, le plan d'uniformiser la foi dans le royaume » par la séduction, par la contrainte, et, au besoin, par » la violence, devint l'âme du gouvernement; tout con- » vergea de loin et constamment vers ce but. Il ne fut » pas difficile aux politiques de faire comprendre à ce » jeune prince que le dernier levain de la révolte était » dans le culte hétérodoxe et qu'il ne serait vraiment » roi qu'après qu'il aurait le droit de gouverner ses » peuples, au nom d'un Dieu, pour ainsi dire royal [1]. »

« Il ne fut pas difficile à ses évêques de lui faire envi- » sager ce grand service rendu à l'Eglise comme une » expiation des légèretés et des scandales de sa jeunesse [2]. » Il crut que Dieu pardonnerait tout à un prince qui lui » rendrait un peuple. »

« L'amour et la guerre suspendirent longtemps ces pensées. » Mais quand il fut constaté que « les réservoirs de Sa Majesté étaient vides et secs [3], » quand il fut lassé à la fois de gloire et de plaisirs, quand Mme de Maintenon [4], le duc de Beauvillers, le duc de Montausier, Bossuet, l'archevêque de Rheims, le chancelier Letellier, toute la partie dévote de la cour commencèrent à tourner son esprit oisif et scrupuleux sur les intérêts de la religion, Louis XIV reprit ce plan avec plus d'ardeur [5]. » Le clergé (1er août 1670) donne au

[1] Lamartine. *Bossuet*, page 64, s. q. q

[2] Rulhières. *Eclaircissements historiques*, page 61.

[3] Discours de M. d'Alègre à l'Assemblée du clergé de 1665. — P. Lanfrey. *L'Eglise et les Philosophes*, page 15.

[4] P. Lanfrey. *Ubi suprà*, page 19.

[5] Lamartine. *Bossuet*, page 272.

roi 2 millions 400 mille livres, parce que le roi a de grands desseins pour l'avantage de la religion[1]. »

Le plan de la royauté, — disons mieux : de toutes les fins de gouvernements non républicains en France, — pour extirper l'hérésie, Jean Cavalier ne devait pas l'ignorer. Jurieu avait fait un livre pour le constater ; ce plan datait d'Henri IV[2]. Les bonnes âmes en doutaient[3], les hommes éclairés et patients savaient d'où venait le mal : le roi ordonnait.

Et cependant, ces calvinistes que Rohan avait dit être républicains, protestaient de leur dévouement au roi. En 1632, lorsque le duc de Montmorency tenta d'opérer un soulèvement dans les Cévennes, personne ne bougea. En 1651, ils résistent aux offres du prince de Condé. Aussi Mazarin disait-il : « Je n'ai pas à me plaindre du petit troupeau ; s'il broute de mauvaises herbes, du moins il ne s'écarte pas. » La politique intérieure était la même ; les Cévenols avaient rejeté les offres des Montmorency et des Condé, et ils acceptent la lutte avec des hommes comme Roland, Couderc, Joanny et Cavalier. C'est que la politique intérieure se compliquait et s'embrouillait dès que l'aristocratie et la royauté se trouvaient en présence.

§ 2. — LA POLITIQUE INTÉRIEURE ET L'ARISTOCRATIE

D'abord les terriens avaient compris que l'ennemi de tout ordre social terrestre, c'est le clergé romain.

[1] P. Lanfrey. *L'Eglise et les Philosophes*, page 19.

[2] *Mémoires du cardinal de Richelieu*, pages 157, 158.

[3] Rulhières. *Eclaircissements historiques*, page 55.

Depuis Louis XI le clergé niveleur s'unissait à la royauté, sous prétexte de former l'unité du royaume; malgré tout ce que l'on a dit, Louis XI fut un mauvais politique et un mauvais roi, s'il peut y en avoir de bon. Les Rohan, les Bouillon, les la Tremouille, les Lesdiguières, les Coligny, les Montausier, les d'Entraygues, épouvantés de voir la royauté courir à sa ruine par le papisme, se jetèrent dans la Réforme ; la petite noblesse les y suivit [1]. Si la politique du roi fut pendant un temps d'affaiblir l'aristocratie, cette même politique tenta de la ramener à la royauté, lorsque décidément cette royauté n'avait plus rien à craindre, même des plus puissants feudataires. Ils quittent une croyance qui ne peut plus servir à leur ambition [2]. C'est sous le ministère (le règne) de Richelieu que l'aristocratie calviniste, trouvant dans sa religion plus de pertes que de profits, écartée des honneurs et des hautes fonctions de la monarchie, dominée dans son propre parti par l'ascendant des ministres et des pasteurs, fait défection et se rallie au catholicisme [3].

Lesdiguières, calviniste, abjurait en 1622 ; Mme de Créqui, sa fille, avait déjà franchi ce pas ; Ch. de Coligny, marquis d'Andelot, duc de Chatillon, abjura en 1653 ; le duc de la Tremouille, prince de Tarente, en 1628 ; la Rochefoucauld, environ au même temps. Le maréchal de Ranizau, en 1645 ; les Rohan-Chabotet les Sully un peu plus tard. En 1635, le duc de Bouillon ; Turenne, en 1668 ; de Duras, de Lorges, le duc de Montausier, le marquis de Dangeau et son frère, dit

[1] Ch. Weiss. *Réfugiés protestants*, I, 55.

[2] Rulhières. *Eclaircissements historiques*, page 55.

[3] P. Lanfrey. *L'Eglise et les philosophes*, page 10.

l'abbé, furent convertis par Bossuet; les marquis de Maintenon, de Poigny, de Montlouet, d'Entraigues avaient déjà abjuré. Ceux qui ne voulurent pas, le comte de Schomberg, le duc de la Force[1], les Laroche-Guilhem, furent obligés de porter ailleurs leur intelligence et leur activité, ou forcés de se renfermer muets et immobiles derrière les épaisses murailles de leurs castels.

Cavalier eut un instant la faiblesse de se faire appeler : Seigneur. Il fut décidé entre camisards que l'on l'appellerait : Frère.

La politique intérieure, en tuant le calvinisme, avait tué les serviteurs du trône, en haut.

§ 3. — LA POLITIQUE INTÉRIEURE ET LE CLERGÉ

Le plan de la royauté (§ 1) fut une sorte de contrat entre le pape et le roi. L'auteur de la *Politique du clergé de France*[2] nous assure que les rois n'ont jamais perdu le dessein de détruire les hérétiques, mais que la prudence les a obligés à suspendre l'usage des moyens dont ils avaient dessein de se servir pour cela. Bellarmin dit : *Non esse hæreticos bello petendos quandò sunt fortiores nobis.*

Nous venons de démontrer que l'aristocratie n'a cédé que peu à peu, étant d'abord huguenote. Le clergé seul avait donc dirigé toute action contre l'hydre de l'hérésie. Le clergé n'accorde ses faveurs au roi Louis XIV

[1] Ne pas confondre avec son fils qui fut élevé par les jésuites.
[2] Page 19, édit. de 1681.

qu'à la condition que le roi extirpe l'hérésie [1]. Les assemblées du clergé reviennent sans cesse sur ce point : parfois le roi hésite, il cède enfin aux obsessions de Letellier, de Mme de Maintenon, comme il avait cédé à l'indulgent père Lachaise, que Mme de Montespan avait si carrément appelé : la chaise de commodité.

On ne peut douter de la toute-présence de l'esprit du clergé dans les persécutions contre les Cévenols. Or, au moment où Jean Cavalier entre en scène, le clergé commençait à Bossuet et se terminait par la foule de curés, de vicaires, de desservants, répandus dans tout le Languedoc. Jamais plan n'a été suivi et n'est suivi avec plus de suite et de ténacité que celui du clergé pour la destruction du Calvinisme en France.

Dès 1630, c'est-à-dire un an après la paix signée avec Rohan, on décide qu'aucun protestant ne sera admis dans la fabrication des produits commerciaux de la Ville [2].

En 1643, c'est-à-dire six mois après l'avénement au trône de Louis XIV, les lingères de Paris dressent un règlement qui déclare les filles et les femmes protestantes indignes d'obtenir la maîtrise de leur profession [3].

En 1654, c'est-à-dire un an après sa majorité, Louis XIV permet l'imposition sur la ville de Nimes d'une somme de 4000 écus, pour l'entretien de l'hôpital catholique et de l'hôpital protestant ; et, au lieu d'imposer proportionnellement chaque culte pour défrayer l'hôpital de sa religion, il ordonne que la taxe sera levée sur tous,

[1] P. Lanfrey. *L'Eglise et les philosophes*, page 31-32. — N. Peyrat, I, 32. — Michelet, XIII, 131.

[2] Ménars. *Histoire de Nimes*.

[3] De Félice. *Histoire des protestants*, page 383.

indifféremment, de sorte que les protestants qui sont deux fois plus nombreux que les catholiques, paient deux sixièmes de l'impôt prélevé sur eux, à leurs ennemis. Le 9 août de la même année, un arrêt de conseil ordonne que les consuls des artisans seront tous catholiques. Le 16 décembre un arrêt défend aux protestants de faire des députations au roi ; enfin le 20 décembre, un autre arrêt décide que les consuls catholiques auront seuls l'administration des hôpitaux [1].

En 1662, il est adjoint aux protestants de n'enterrer leurs morts qu'au point du jour ou à l'entrée de la nuit, et un article de l'arrêt fixe le nombre de ceux qui pourront suivre le convoi.

En 1663, le conseil rend ses arrêts qui prohibent l'exercice du culte réformé dans 142 communes des diocèses de Nimes, d'Uzès et de Mende. Les mêmes arrêts ordonnent la démolition de leurs temples.

En 1664, cet ordre s'étend aux temples des villes d'Alençon et de Montauban, et au Petit-Temple de Nimes. Le 17 juillet de la même année le parlement de Rouen fait défense aux maîtres merciers de recevoir aucun ouvrier ou apprenti protestant, tant que le nombres des protestants dépassera le quinzième du nombre des catholiques ; le 24 du même mois le conseil d'Etat invalide toute lettre de maîtrise obtenue ou acquise à quelque titre que ce soit par un protestant; et enfin, en octobre, réduit à deux seulement les monnayers qui peuvent être de la religion réformée.

En 1665, le règlement fait pour les merciers est étendu aux orfèvres.

En 1666, une déclaration du roi régularise les arrêts

1 Ménars. *Histoire de Nimes*.

du parlement, décide, article 31, que les charges de greffier des maisons consulaires, ou les secrétaires des communautés d'horlogers, potiers, ou autres charges municipales, ne pourront être tenues que par les catholiques, et cela parce que déjà les protestants se jetaient dans ces industries ;

Article 33, que, lorsque des processions dans lesquelles le Saint-Sacrement sera porté passeront devant les temples de ceux de la religion prétendue réformée, ils cesseront de chanter leurs psaumes jusqu'à ce que lesdites processions aient passé ;

Enfin, article 34, que lesdits de la religion réformée, seront tenus de souffrir, aux époques des processions, qu'il soit tendu des draps et tapisseries, par l'autorité des officiers de la ville au-devant de leurs maisons et autres lieux à eux appartenant.

En 1669, les chambres de l'édit, dans les cours des parlements de Rouen et de Paris sont supprimées, ainsi que les places de clercs et de commis des greffes ; puis, la même année, comme on commence à remarquer l'émigration des protestants, un édit est rendu faisant défense à aucun de la religion prétendue réformée, de sortir du royaume sans permission du roi.

En 1670, le roi exclut les médecins réformés du décannat du collége de Rouen et ne tolère à ce collége que deux médecins de la religion.

En 1671, publication d'arrêt qui ordonne que les armes de la France seront enlevées des temples de la R. P. R.

En 1680, une déclaration du roi interdit aux femmes de la religion réformée la profession de sages-femmes[1].

[1] Isambert. *Anciennes lois françaises*, XVIII-XIX-XX.

En 1681, ceux qui abandonnent la religion réformée sont exempts de contributions et du logement des gens de guerre pendant deux ans, et au mois de juillet de la même année, on fait fermer le collége de Sedan, le seul qui reste aux calvinistes pour l'instruction de leurs enfants.

En 1682, le roi ordonne aux notaires, procureurs, huissiers, et sergents calvinistes de se démettre de leurs offices, les déclarant inhabiles à ces professions, et un arrêt du mois de septembre de la même année restreint à trois mois le terme qui leur est accordé pour la vente de leur charge.

En 1684, le conseil d'Etat étend les dispositions précédentes aux titulaires des charges de secrétaires du roi, et, au mois d'août, le roi déclare les protestants inhabiles à être nommés experts.

En 1685, le prévôt des marchands de Paris enjoint aux marchands privilégiés calvinistes de vendre leur privilége dans l'espace d'un mois [1].

Au mois d'octobre de la même année révocation de l'édit de Nantes [2].

Or, toutes ces restrictions aux libertés des huguenots avaient été successivement demandées par les assemblées du clergé [3].

La politique intérieure qui exaspérait le peuple cévenol était donc l'ouvrage du clergé.

[1] Voir de Félice. *Histoire des protestants de France*, page 391, s. q. 402, s. q.

[2] Rulhières dit : « Nous avons entre les mains le recueil de lettres du clergé et quelques-unes font frémir. »

[3] *Recueil des procès-verbaux des assemblées générales du clergé de France.*

Art. II. — POLITIQUE EXTÉRIEURE

§ 1. — JEAN CAVALIER EST OBLIGÉ DE S'EN OCCUPER

Le 31 décembre 1657, après une émeute des protestants à Nimes, le bruit courut dans cette dernière ville que le roi allait exercer une éclatante vengeance. Cependant la vengeance n'éclata pas. Au contraire même on crut remarquer que Mazarin traitait les protestants avec plus de considération que jamais. C'est que Cromwell, alors tout puissant, avait écrit de sa main au bas d'une dépêche relative aux affaires d'Autriche : « J'apprends qu'il y a eu des émotions populaires dans une ville du Languedoc, que l'on appelle Nimes ; que tout s'y passe, je vous prie, sans que l'on y verse le sang et le plus doucement possible. »

Qui avait produit ce miracle là ? la politique extérieure. L'intérêt des protestants et la sécurité même de leurs personnes les engagèrent à ne pas l'ignorer. Cavalier eut été coupable de ne pas s'en préoccuper.

Devant la défection de l'aristocratie, il ne resta aux huguenots que le souvenir de Cromwell ; ils songèrent à l'étranger. Guillaume d'Orange apparaissait comme le chef du protestantisme [1] ; il était à la tête de la ligue contre Louis XIV [2].

[1] De Félice. *Histoire des protestants*. 427.
[2] N. Peyrat, I, 174. *Pasteurs du Désert*.

Trahi par le roi, en haine au clergé qui ne cessait de dénoncer les hérétiques [1], qui n'élevait la voix que pour justifier les plus odieuses contraintes, et pour en demander la continuation [2], abandonné par la noblesse qui ne savait pas vivre dans ses terres, le peuple huguenot dût demander à la politique extérieure les moyens de vivre que lui refusait la mère-patrie. De là les émigrations. Et puis, dans les réunions d'hommes où était admis Cavalier, à Anduze, à Alais, à Genève, à Nimes, à Aiguesvives, l'esprit du peuple enchaîné songea à la fraternité des nations, en présence de la tyrannie des rois et de la lâcheté des grands.

§ 2. — CAVALIER N'A REÇU AUCUN SECOURS DE L'ÉTRANGER

Cavalier à Macon (1704) a dit n'avoir jamais reçu de secours d'aucun prince étranger [3]. Il est de fait qu'à la paix de Ryswick (1697), il ne fut guère question des protestants cévenols. Les puissances ont dit que nulle demande n'avait été faite et que le sort des protestants du Midi de la France était ignoré d'elles. Non, mais les négociations n'aboutirent pas [4].

Que les secours promis maintes fois par la Hollande, par la Savoie, ne soient pas arrivés à destination, cela

1 Michelet. *Histoire de France*, XIII, 131.

2 Rulhières. *Eclaircissements historiques*, 154.

3 *Archives départementales de la Drôme*. E. Arnaud. — *Bulletin historique*, 15 juillet 1874 ; page 334.

4 Voir : *Négociation des réfugiés au traité de Ryswick*. *Bulletin historique*, 1874, 315.

est avéré, mais que les états protestants ne se soient pas occupés du soulèvement du Languedoc et n'aient pas connu le nom de Cavalier, cela est moins que probable. C'était une conviction chez les Camisards que les pays étrangers s'occupaient d'eux [1], mais Labaume fait aussi remarquer que ces secours n'arrivaient pas [2]. Cavalier envoie Daimond à l'étranger pour faire hâter le secours qu'on leur promettait depuis si longtemps [3], lequel secours n'arriva pas plus que les autres. Sollicités, les étrangers ne parurent point sur les côtes de la Méditerranée. On vit deux vaisseaux Flessinguois à deux lieues de Maguelonne, mais ces vaisseaux ne purent opérer aucune descente. Le vent de terre ayant soufflé sur les dix heures du matin, ils mirent toutes leurs voiles et regagnèrent la pleine mer [4].

L'Angleterre s'intéressait faiblement aux enfants de Dieu. Anne régnait depuis 1702, à la place de Guillaume d'Orange, mort dans la force de l'âge. « Stuarte et reine, dit N. Peyrat [5], un secret penchant l'entraînait vers Louis XIV. » Cependant trop d'amitié liait les émigrés protestants avec leur famille persécutée pour que d'Angleterre, de Hollande, de Suisse, il ne vînt des avis, des conseils, des renseignements. L'abbé Bégault raconte (lettre 5) qu'un réfugié Français, rentré dans le royaume, a été, en 1703, rompu vif à Alais, parce qu'il était porteur d'un plan de révolte que devaient

[1] Labaume. *Relation historique*, page 240.

[2] Id. page 284.

[3] Id. page 229.

[4] Lettre de M. l'abbé de Lacroix, de Montpellier, à M. Reversat, trésorier de France. (M. l'abbé Goiffon, archiviste du diocèse de Nîmes.)

[5] *Pasteurs du Désert*, II, 77.

seconder les Anglais et les Hollandais; mais plusieurs historiens modernes, entre autres M. Michelet, affirment que le mouvement des Cévennes fut exclusivement national [1].

Tobie Rocayrol, en mai 1704, n'était-il pas un agent de MM. Hill et Vandermeer, envoyés d'Angleterre et de Hollande à Turin? Mais Cavalier, à cette époque-là, n'était plus en cause. Du temps que Cavalier commandait, Jurieu, Saurin et autres avaient intéressé l'Europe à la cause des réformés ; mais M. Michelet observe avec quelque justesse que leur action tendit à énerver l'élan des Cévennes [2].

Suivant Labaume, l'étranger aurait fomenté la guerre en France, à l'occasion de l'avènement du duc d'Anjou au trône d'Espagne [3].

Certes, de telles suppositions étaient bien légitimes, mais l'esprit de prévention fit souvent voir le secours étranger où il n'y avait que le besoin et l'amour de la liberté. On était tellement disposé à voir tout d'une certaine façon que Labaume et Louvreleuil [4] ont bâti toute une série d'hypothèses au sujet d'une prétendue médaille frappée en Hollande. Or, cette médaille était un sou. Il faut se placer à une certaine distance des événements pour les apercevoir nettement, et bien des méprises ne doivent leur succès et leur ridicule qu'à la passion et à l'actualité.

Mais les relations s'établissaient plutôt de l'étranger

1 Léonce Anquez. *Bulletin historique*, 15 jun 1866, page 265.

2 Michelet. *Histoire de France*, XIII.

3 *Histoire des Protestants*. De Félice, page 306.

4 *Fanatisme renouvelé*, I, 121. — *Relation historique*, page 96.

vers la France que de la France à l'étranger. De Hollande, Cavalier écrivit des lettres en France. Si de Suisse, il est venu pour les Français internés dans le royaume, des lettres ou des avertissements, ces lettres les ont toujours détournés des voies violentes. M. Ducros, ministre réfugié, écrit à son fils de quitter au plutôt les Cévennes, et voici enfin ce qu'un synode genevois écrit aux Français révoltés :

Aux fidèles des Cévennes, salut en Jesus-Christ notre Seigneur.

NOS TRÈS-CHERS FRÈRES,

« Comme nous sommes tous les membres d'un même corps, quelque éloignement qui nous sépare, le lien de la charité, qui nous unit tous en Jésus-Christ, nous oblige à prendre part à tout ce qui vous arrive, comme s'il nous arrivait à nous-mêmes : c'est pour cela que ne pouvant vous aller visiter en personne nous vous avons écrit plusieurs fois, tantôt pour vous exhorter à réparer le scandale de votre chute par une sincère pénitence[1], tantôt pour vous consoler dans vos afflictions et fortifier votre courage dans la violence de la persécution, tantôt pour exciter votre zèle à profiter de la constance de tant de martyrs que vous avez vu mourir au milieu de vous.

» Nous apprenions même avec joie que, touchés de nos salutaires avis, vous aviez commencé d'effacer par votre repentir la honte de votre apostasie ; que le germe de la bonne doctrine que vous aviez conservé dans le cœur

[1] Ceci s'adressait aux nouveaux convertis.

fructifiait déjà avec abondance ; que votre foi recevait de jour en jour de nouveaux accroissements ; et que, possédant vos âmes en patience, vous n'opposiez à la fureur de vos persécuteurs qu'une résignation soumise à la volonté de Dieu.

» Mais hélas ! mes très-chers frères, nous apprenons avec douleur, qu'après avoir commencé par l'esprit vous finissez par la chair, et que vous vous mettez en danger de perdre tout le fruit de vos souffrances. Un bruit public et certain nous a fait savoir qu'il y a parmi vous des incendiaires et des meurtriers, mais tels qu'on ne voit pas parmi les idolâtres et les infidèles. On nous confirme de toutes parts que vous tolérez parmi vous, non seulement des filles libertines travesties en garçons, qui contrefont les fanatiques d'Ecosse, mais encore des troupes de furieux, qui osent se vanter d'être inspirés du Saint-Esprit et de professer notre sainte religion, et qui cependant, courent toutes les nuits le fer et le feu à la main, pour se venger eux-mêmes de ceux qu'ils regardent comme leurs ennemis ; qu'ils les égorgent dans les bras du sommeil ; qu'ils brûlent leurs maisons ; en sorte qu'au lever du soleil on ne trouve sur leurs traces qu'édifices embrasés et que sang humain impitoyablement répandu.

» Mais ce qui nous afflige le plus, mes très-chers frères, ce qui alarme pour vous toutes nos Eglises, ce qui nous fait craindre que Dieu ne se retire entièrement de vous, c'est qu'on nous assure que non seulement vous tolérez ces filles et ces femmes, qui imitent les bacchantes et ces furieux, mais que vous les aidez secrètement en tout ce que vous pouvez, que vous vous réjouissez de leurs crimes, que vous vous glorifiez de leurs attentats, au lieu que vous devriez en pleurer et dire anathème à celles qui profanent les choses saintes par leur fiction sacrilége, et à ceux qui commettent des actes si barbares, si contraires aux lois du christianisme, qui déshonorent la pure religion que nous professons et l'exposent aux médisances des hommes de toutes les nations.

» Nous savons, mes très-chers frères, que les violences qu'on vous a faites pour vous forcer d'aller à la messe et d'envoyer vos enfants à l'école de l'erreur ; que les soldats qui vous environnent, qui veillent sur toute votre conduite, qui fondent sur vous comme des loups sur des agneaux, quand vous vous assemblez en secret pour prier Dieu ; en un mot, que les cruautés qu'on exerce contre vous sans pitié et sans relâche ; que la perte de vos biens, le mauvais traitement de vos personnes ; que les chaînes, les prisons, les gibets, les roues ont enfin lassé votre patience, et vous ont inspiré des sentiments de désespoir et de rage.

» Nous avouons même, mes très-chers frères, que dans des longues et excessives tribulations, comme les vôtres, il est bien difficile de résister aux mouvements impétueux de la nature, qui s'élèvent malgré nous dans le fond de notre cœur, nous portent à rendre le mal pour le mal et nous vous plaignons de ce que vous êtes dans une si terrible épreuve ; mais vous êtes chrétiens et chrétiens réformés, et si vous n'avez pas entièrement oublié ce que les ministres apostoliques de la Parole de Dieu vous ont autrefois enseigné, vous pouvez vous souvenir qu'ils vous prêchaient sans cesse, que l'hypocrisie et le mensonge ne conviennent pas aux enfants du Dieu de la vérité, et que les violences de vos ennemis n'excusaient pas les vôtres, et que leurs crimes ne vous autorisaient pas pour en commettre de semblables ; car ils vous disaient qu'il est écrit : *Donnez lieu à la colère ; c'est à Dieu que la vengeance est réservée, et c'est lui qui la fera ; ne vous laissez pas vaincre par le mal, mais travaillez à le vaincre par le bien.*

» Ils vous ont appris *que la menterie et la fourberie sont illicites ; que la seule chose qui vous est permise dans la persécution, c'est la fuite ; que ceux qui persévèrent patiemment dans les souffrances jusqu'à la fin seront sauvés ; qu'il faut se glorifier dans l'espérance des enfants de Dieu, et non-seulement dans cette espérance, mais aussi dans l'affliction, sachant que l'affliction produit la patience, la patience l'épreuve, et l'épreuve l'espérance ; que celui qui souffre avec humilité les tentations de cette vie est heureux, parce que lorsque sa vertu aura été éprouvée il recevra la couronne que Dieu a promise à ceux qui l'aiment.*

» Ils vous recommandaient dans leurs prédications l'amour de la vérité, et de la charité envers vos prochains, même envers vos ennemis, et ils vous enseignaient après saint Paul, *que sans cette vertu de charité, qui est la vraie marque des chrétiens, quand vous auriez une foi capable de transporter les montagnes d'un lieu à un autre, quand vous distribueriez tout votre bien aux pauvres, et quand vous livreriez votre corps aux flammes, tout cela ne vous servirait de rien.* Ils vous remontraient, que *la charité est patiente et douce, qu'elle ne se pique ni ne s'irrite point, qu'elle souffre, qu'elle supporte et endure tout.* Ils vous proposaient l'exemple de Jésus-Christ souffrant et celui des chrétiens persécutés sous les empereurs païens. Ils vous ont souvent représenté que dans de semblables occasions il ne vous est pas permis d'opposer la force à la force, et de vous soulever contre les puissances que Dieu a établies sur vous ; mais que vous devez souffrir toutes les duretés qu'on vous fait par leur ordre, leur demeurant toujours fidèles, toujours soumis et obéissants.

» A Dieu ne plaise que par cette obéissance nous entendions, aussi bien que vos ministres, que vous leur obéissiez en toutes choses. Il faut excepter les cas dans lesquels votre conscience serait intéressée, parce qu'on vous fait des commandements contraires au service de Dieu et à sa volonté. En ces rencontres vous devez plutôt obéir à Dieu qu'aux hommes, parce que l'autorité des souverains, quelque absolue qu'elle soit, est subordonnée à celle de Dieu, qui est le Roi des rois, et le Seigneur des seigneurs.

» Mais il vous est défendu de leur résister dans les choses qui regardent l'ordre et les lois de la société civile. Dieu vous commande de leur obéir en cela. Il est venu sur la terre pour y établir une religion et non pas pour y fonder un empire temporel, d'où vient qu'il a dit que son règne n'était pas de ce monde ; il a laissé le gouvernement extérieur et politique tel qu'il l'a trouvé, sans y rien changer, et il n'a donné des lois que pour la conscience ; c'est pourquoi saint Paul a dit : *Le règne de Dieu est dans vous*. Distinguez donc bien ce qui est du droit de la religion et ce qui est du droit de la puissance temporelle.

» Vos pères ont demandé à leur roi des permissions et des privilèges, mais ce n'a jamais été pour croire la pure doctrine de l'Évangile qu'ils avaient dans le cœur, ni pour la confesser de bouche, ni pour servir Dieu sans idolâtrie et sans superstition. Dieu a commandé la foi, et la profession de la foi. Dieu a défendu la superstition et l'idolâtrie. Il faut lui obéir et résister aux princes qui s'opposent à une telle obéissance.

» Vos pères ont encore demandé à leurs rois la permission de faire les exercices de leur religion en divers lieux; car ils n'ont point bâti de temples ni convoqué aucune assemblée publique, ni fait aucun synode national ou provincial, ni imposé aucune somme, ni aucune taxe, sans en avoir auparavant demandé et obtenu le congé. Comme ces choses dépendent du gouvernement politique et de la société civile, ils s'en sont tenus aux édits et aux déclarations de leurs souverains.

» Jugez de là, mes très-chers frères, combien vous vous trompez, si par un zèle inconsidéré vous y contrevenez sous prétexte de religion. Mais aussi ne croyez pas que toutes sortes d'assemblées vous soient défendues. Celles de chaque famille en particulier, de quelques parents ou amis, c'est-à-dire, les assemblées privées qui se font dans vos maisons, sans convocation publique, sans bruit et sans tumulte, vous sont permises à l'imitation des premiers chrétiens qui s'assemblaient ainsi secrètement, tandis qu'ils ne purent avoir le libre exercice de leur religion.

» Vous ne prétendez pas, mes très-chers frères, être plus savants dans la religion ni plus zélés pour le service de Dieu que l'apôtre saint Paul : lorsqu'il fut accusé par l'orateur Tercule et par les juifs, devant Félix, d'avoir excité une sédition à Jérusalem, il se défendit en disant : *On ne m'a point trouvé disputant avec personne, ni assemblant le peuple soit dans le temple, soit dans les synagogues, soit dans les villes. Il est vrai que je sers le Dieu de nos pères, croyant toutes les choses qui sont écrites dans la Loi et dans les Prophètes ; je travaille incessamment à conserver ma conscience exempte de reproches devant Dieu et devant les hommes. Ils m'ont trouvé purifié dans le temple sans amas de peuple et sans tumulte.*

» Quand il a plu à Dieu, pour vous punir de vos péchés, de vous ôter son chandelier, c'est-à-dire, de vous ôter l'exercice de votre religion, en permettant aux puissances de la terre de vous le défendre, vous êtes obligés de subir ce châtiment, et ce serait résister à sa divine volonté que de vous soulever contre les souverains que sa main a établis. Si quelqu'un vous donne sur cela de vive voix, ou par écrit, d'autres conseils, ne l'écoutez point et rejetez leur sentiment comme une doctrine corrompue qui ne peut venir que d'un esprit de vengeance ou d'intérêt, ou de jalousie, puisqu'en vous excitant à la rebellion, ces gens malins veulent sacrifier vos biens, vos vies, vos âmes mêmes à leur détestable politique.

» Vous n'avez plus de pasteurs pour vous instruire de vos devoirs ; mais vous avez entre vos mains les Saintes Ecritures : c'est là où vous pouvez consulter les oracles infaillibles de la parole de Dieu, et entendre Jésus-Christ qui, du haut d'une montagne, dit à ses disciples : *Vous serez bienheureux, lorsque les hommes vous chargeront d'injures et de reproches, qu'ils vous persécuteront et qu'à cause de moi ils vous calomnieront. Vous avez ouï qu'il a été dit : Vous aimerez votre prochain et vous haïrez votre ennemi, mais moi je vous dis : Aimez vos ennemis, bénissez ceux qui vous maudissent, faites du bien à ceux qui vous haïssent et priez pour ceux qui vous persécutent.* Parcourez tout l'Evangile, toutes les Epitres de Saint Paul, de Saint Jacques, de Saint Pierre, de Saint Jean, enfin tous les livres du Nouveau-Testament ; vous verrez partout les mêmes préceptes de la charité à l'égard du prochain et des ennemis, parce que cette vertu *est l'âme, la fin et la perfection de la loi évangélique.* Vous trouverez que Jésus-Christ notre Sauveur l'a pratiquée, que quand *on lui a dit des injures il n'a point répondu, que quand on l'a maltraité il n'a point fait des menaces;* vous remarquerez que ses Apôtres et ses disciples ont marché sur ses pas, *qu'ils ont souffert la faim, la soif, la nudité dans la persécution, qu'ils ont été errants et vagabonds, qu'on les a maudits, et que pour les malédictions qu'on leur donnait, ils rendaient des bénédictions et des prières.* Vous prendrez garde que Jacques et Jean voulant se venger avec éclat des Samaritains, qui refusaient à Jésus-Christ l'entrée de leur ville, ce divin Maître les reprit d'un tel désir, et leur dit : *Qu'ils ne savaient pas de quel esprit ils devaient être animés dans la loi de grâce.*

» Que vous êtes éloignés de la conduite de Jésus-Christ, malheureux incendiaires, cruels meurtriers, hommes sanguinaires, femmes et filles aveuglées par le démon d'orgueil, et par la langue de malice! Que vous savez mal de quel esprit vous devez être animés, vous qui portez contre les règles de la charité l'épée et le flambeau chez vos ennemis et même chez des personnes qui ne vous ont fait aucun mal ! Que vous savez mal aussi quel est l'esprit que vous suivez, vous qui approuvez des exercices si horribles, et qui supportez des scandales si pernicieux en Israël sans faire réflexion qu'en tolérant le crime vous vous rendez complices des criminels ! Craignez l'accomplissement de la prédiction du Fils de Dieu, qui porte : *Que ceux qui se servent du glaive périront par le glaive.*

» Peut-être vous flattez-vous que ces désordres feront cesser les maux qui vous accablent ; peut-être vous imaginez-vous que ceux qui brûlent les églises et égorgent de sang-froid les prêtres, détruisent la superstition et l'idolâtrie ; peut-être attendez-vous de là votre délivrance et le rétablissement du pur service de Dieu.

Aveugles que vous êtes, avez-vous oublié qu'il n'est jamais permis de faire le mal afin qu'il en arrive du bien ; que vous n'êtes pas sous l'ancienne Loi qui était rigoureuse, suivant une lettre meurtrière, qui ordonnait d'exterminer les idolâtres et les lieux consacrés à un culte défendu ; mais que vous êtes sous la loi nouvelle dont l'auteur dit : *Qu'il ne veut pas la mort du pécheur, mais qu'il se convertisse et qu'il vive ;* c'est du bras de Dieu et non du vôtre, qui est un bras de chair, qu'il faut espérer la fin de votre captivité ; tâchez de l'obtenir par la sainteté de votre bonne vie, et non par les œuvres de ténèbres que vous faites, ou que vous laissez faire à vos yeux. Vous croyez de travailler à la vigne du Seigneur, et vous ne considérez pas que vous êtes ces vignerons homicides que Jésus-Christ condamne dans son Evangile, et qu'il a dit lui-même : *Je perdrai ces vignerons, et je donnerai ma vie à d'autres.*

» En vérité, mes Très-Chers Frères, quand j'examine tout ce qui se passe parmi vous, il me semble que c'est l'accomplissement de la prophétie de Jésus-Christ, qui dit à ses disciples : *Vous entendrez parler des guerres et de bruits de guerre ; on verra des peuples se soulever contre d'autres peuples, des royaumes contre des royaumes. Alors on vous livrera aux magistrats pour être tourmentés, on vous fera mourir à cause de mon nom. En ce même temps plusieurs trouveront des occasions de scandale et de chute, il s'élèvera un grand nombre de faux prophètes qui en séduiront plusieurs, et parce que l'iniquité se sera répandue, la charité de plusieurs se refroidira ; mais celui là sera sauvé qui persévèrera jusqu'à la fin.* Persévérez donc sans vous rebuter dans le pur Christianisme. N'ayez aucun commerce avec les superstitieux et les idolâtres ; mais aussi n'ayez aucune communication avec les coureuses, avec les incendiaires et les meurtriers, pour n'être point participants de leur iniquité. Ce sont des misérables, des gens ruinés, perdus de dettes et de crimes. Les honnêtes gens doivent gémir de leurs désordres et les chasser de leur société ; cependant nous souhaitons de tout notre cœur que Dieu brise Satan sous vos pieds, qu'il fasse refleurir notre sainte religion sur vos montagnes, et qu'il vous comble de ses grâces par Jésus-Christ Notre Seigneur qui vit et règne dans les siècles des siècles. Amen. »

III

LA GUERRE

---

§ 1er — RECRUTEMENT DES CAMISARDS

M. De Félice, dans son *Histoire des Protestants de France*, note la différence entre l'insurrection vendéenne et l'insurrection cévenole. C'est un parallèle auquel a songé aussi l'éloquent N. Peyrat, et M. de Félice, fait observer judicieusement que l'armée camisarde n'avait avec elle ni la noblesse, ni aucun clergé [1]. Les Camisards étaient tous des paysans s'appelant mutuellement : frère [2], combattant pour la liberté de leur conscience. On est tenté de se demander comment une armée a pu se recruter dans ces conditions et de quelle manière elle a pu trouver des chefs.

En premier lieu, il faut le dire très hautement, les Camisards n'ont été ni des brigands, ni une bande de voleurs ; il a été commis des excès, soit par les camisards blancs, soit par les camisards noirs, mais

[1] *Mémoires d'un gentilhomme protestant*, par le baron d'Aygalier, page 471. — *Revue suisse et bibliothèque universelle*, page 471.

[2] Labaume. *Relation historique*.

ces excès sont en dehors de l'esprit général de cette insurrection.

Ceux qui ont recruté cette armée de paysans, on les connaît, voici leurs noms : Premièrement Louis XIV, le roi-soleil, — deuxièmement le père Letellier, jésuite et confesseur du roi; troisièmement Mme de Maintenon, la vieille sultane; quatrièmement, Louvois, le ministre de la guerre. Ces quatre puissances se liguent pour vexer, irriter, désespérer, exaspérer, organiser enfin d'honnêtes et obscurs montagnards ; faut-il s'étonner si ces obscurs montagnards finissent par devenir légion ?

Or les gouvernants ont tout fait pour les réunir. Ne poussez jamais votre ennemi au désespoir, dit un vieil adage, que le roi-soleil et le père Letellier n'ont pas su pratiquer. Louis XIV organisa l'armée camisarde en ignorant tout ce qui se passait autour de lui, dans son royaume, pendant des trimestres[1]. On pourrait dire, non sans justice, que la Persécution se nomme Louis XIV. Ce « sectaire[2] » a tout fait pour que les montagnards cévenols prissent les armes contre son odieux gouvernement; ce roi n'a rien su de ce qu'un roi doit savoir pour éviter les malheurs les plus faciles à éviter. Ces montagnards sont dévoués : Louis XIV l'ignore ; ils sont vexés ! Louis XIV l'ignore.— Ces montagnards aiment leur patrie, on leur brûle leurs maisons, Louis XIV l'ignore; ils sont jaloux de la dignité de leurs familles, on leur envoie l'inquisiteur du Chayla, Louis XIV l'ignore; ils sont éner-

[1] *Mémoires d'un gentilhomme protestant. Bibliothèque universelle*, page 470. — N. Peyrat, *Pasteurs du Désert*, page 347.

[2] V. P. Lanfrey, *L'Eglise et les philosophes*, page 8.

giques, et, au besoin, vindicatifs, on leur mande Bâville et le capitaine Poul, Louis XIV l'ignore ; ils sont organisateurs et travailleurs ; Colbert le sait, Louis XIV l'ignore. « Ce roi, dit Montesquieu, aima la gloire et la religion et on l'empêcha toute sa vie de connaître lui l'une ni l'autre. » En d'autres termes ce roi ignorant fut vaniteux et impie.

Louis XIV ! Rulhières, — un panégyriste, — écrivant un mémoire pour le Dauphin, ne put dire autre chose sinon que [1], « cédant à l'esprit de son siècle, et dans ses » fréquents retours vers Dieu, il formait le dessein de » convertir les Huguenots, comme, trois siècles plus » tôt, et du temps de Philippe-Auguste et de Saint-Louis, » il eût, en expiation de ses péchés, fait vœu d'aller » conquérir la Terre Sainte. »

Le même panégyriste dit autre part : « il ne se fit sous son règne que le mal qu'il ignorait [2]. » Rulhières s'est bien gardé d'ajouter que l'illustre et vieux pénitent de Michel Letellier ignorait tout. Ah ! comment l'humanité peut-elle encore se résoudre au pouvoir d'un seul lorsqu'il est avéré que ce seul gouvernant est presque toujours le seul qui ne sait pas !

Pour Michel Letellier.... c'était un jésuite ; mais de nos jours, ils sont plus adroits.

Quant à Mme de Maintenon, non seulement elle a mis les armes à la main des huguenots cévenols, mais, « cette figure douteuse [3] » a mérité d'être accusée de « fomenter et d'attiser ce foyer de troubles et de discordes [4]. » Laissant de côté cette opinion, moins

[1] *Éclaircissements historiques*, I, page 61.
[2] *Éclaircissements historiques*, I, page 61.
[3] Michelet, *Histoire de France*, XIII.
[4] *Histoire des Camisards*, par un anonyme. I, 189 s. q.

étrange qu'elle ne paraît lorsqu'on se souvient de Letellier, on peut dire que Mme de Maintenon était issue d'une famille protestante; — que Ruvigny, imprudent diplomate, et protestant, l'avait blessée. « Ruvigny est intraitable, dit-elle, il a dit au roi que j'étais née calviniste[1]..... » on peut ajouter que : « l'expérience de tous les temps prouve qu'une cause n'a pas d'adversaires plus violents que ceux qui l'ont reniée par mode ou par calcul[2]. »

Enfin pour Louvois, il est certain qu'il eut peur, étant ministre de la guerre, voyant la paix faite, de laisser trop d'avantages sur lui aux autres ministres[3]; et Louvois, n'ayant plus de guerre au dehors, fut bien aise d'en avoir une au dedans. Le duc de Noailles, homme estimable, ne l'estimait guères[4]. Certes, « son ambition le poussait à la guerre, même civile[5]; » enfin, au dire de Montesquieu, Louvois est un des plus méchants citoyens de France.

Réunis par un malheur commun, accablés par une rigueur égale à l'ineptie du roi, les montagnards cévenols furent naturellement amenés à se concerter pour leur défense commune. Ce que le plus cruel ennemi de la France n'aurait pas fait, les jésuites l'osèrent. Est-il étonnant que l'amour du sol ait mis les armes à la main à des hommes que l'on tyrannisait depuis vingt ans ? Pour ces robustes français des Cévennes, le dragon de Louis XIV, c'était l'ennemi ; l'invasion se disait française et venait

1 Rulhières, *Eclaircissements historiques*, I, page 125.

2 M. Chastel. *Le Martyre*, page 20.

3 *Mémoires de M. de Caylus*.

4 *Mémoires du duc de Noailles*, I. 31.

5 M. F. Desmons. *Notes sur les causes de la guerre des Camisards* (inédites).

au nom de Dieu, elle n'en était pas moins, pour eux, l'invasion, c'est-à-dire le pillage, le massacre et l'incendie.

L'homme du Midi sait s'armer et former des battues en règles contre les animaux malfaisants et même contre le gibier, dont ce pays est pourvu. Le Cévenol aime la chasse [1] ; il a bon pied, bon œil ; pour qu'une armée se formât, il n'y avait qu'à souder ensemble les bandes de chasseurs de divers hameaux et villages. C'est ce que firent à l'envi les persécuteurs de Louis-le-Grand. « Brueys, Louvreleuil, Labaume, A. Court sont d'accord pour nous apprendre que leur révolte fut occasionnée par un redoublement de sévérité [2]. »

Ce qui fit l'armée camisarde ce n'est ni Roland, ni Joanny, ni Catinat-Maurel, ni Castanet, ni Ravanel. Ce fut encore moins notre héros, Cavalier. Ce qui recruta les Camisards, ce fut l'amour de la liberté. Après vingt ans de patience, (on disait : patient comme un huguenot) depuis le Vidourle jusqu'à l'Ardèche, depuis l'Aygoal jusqu'à la Dent-de-Rez, un cri de douleur se fit entendre dans le midi de la France, et quand le ministre de la guerre demanda au brigadier du roi, Julien, qui les connaissait pour les avoir combattus, le nombre des Camisards, tout le monde l'est, disait-il [3].

§ 2. — ARMES

Forcés ainsi par un mauvais gouvernement à défendre leurs chaumières incendiées, leurs enfants que l'on vou-

[1] *Mémoires du duc de Noailles* et beaucoup d'autres auteurs.
[2] Ph. Corbière. *Bulletin historique*, 15 juillet 1876, page 291.
[3] N. Peyrat. II, page 5.

lait enlever, leurs femmes et leurs personnes sans cesse menacées, leurs consciences opprimées, leur liberté ravie, les paysans du Midi trouvèrent des armes dans leurs instruments de travail. Ils emmenchèrent leurs faulx à revers, ils s'armèrent de massues, de bâtons coiffés d'une grenade, de frondes.

Dix-huit jeunes gens de Bagard, parmi lesquels se trouve Cavalier, se rendent à Saint-Martin-de-Corconac, [1] (d'autres disent de Durfort) pour s'emparer des fusils que l'on savait réunis à cet endroit.

En 1702 des armes sont achetées à la foire de Beaucaire, par les paysans. A la fin de cette même année des régiments royalistes désertant fournirent quelques armes dont ils manquaient. Ils en enlevèrent avec un grand soin dans tous les endroits où ils en pouvaient trouver [2].

En janvier 1703, les Camisards saisissent des armes à la Bruguière, à Massargues, à La Bastide, à Grospierres, à Rouveirole, aux Libres, à Saint-Maurice de-Ventalon, et s'emparent de trois cents fusils dans un endroit que le chroniqueur Labaume ne nomme pas [3].

En fevrier de la même année les villages de Saint-Denis, Seynes, Baron, Beauvoisin sont dépouillés de leurs fusils. On accuse les nouveaux convertis d'avoir cédé leurs armes à leurs frères camisards [4].

En mars Cavalier désarme Saint-Sauveur-de-Porcil, ainsi que les hotelleries du Vidourle. Dans ce temps-là les voyageurs allaient en armes.

En août le village de Sanilhac est désarmé par Cavalier.

[1] Hugues. *Histoire de l'Eglise Réformée d'Anduze*, page 722.

[2] Labaume. *Relation historique*, pages 59, 60.

[3] Labaume. *Relation historique* (passim).

[4] Labaume. *Relation historique*, (passim).

En mars et avril 1704, les Camisards sont armés de fusils provenant de la défaite des royalistes à Martignargues [1] ; ils trouvent aussi quelques armes à Montignargues, et achètent aux paysans celles qui avaient été ramassées sur le champs de bataille de Nages [2].

Les Camisards en attendirent longtemps du côté d'Aiguesmortes, qui ne vinrent pas [3]. Mais on voit qu'ils en avaient une certaine quantité quoique Cavalier ait dit à M. le Maréchal : J'avais autant d'hommes que je voulais ; si j'avais eu 10.000 fusils, j'aurais trouvé autant de soldats [4]. Paysans, les Cévenols sont sobres. Soldats, Cavalier maintenait cette sagesse native. Ceux des montagnes étaient plus durs et plus prudents [5] ; ceux des plaines, plus vifs et plus téméraires. Plusieurs d'entre eux, du Nord ou du Sud, avaient été soldats. Ils ne mangeaient pas toujours et leur manière de vivre était aussi difficile que l'on peut s'imaginer. Cavalier était servi fort proprement. Son prédicant Billard mangeait d'habitude avec lui ; il eut parfois peur d'être empoisonné et faisait vérifier le pain que l'on donnait à ses soldats [6].

Sobres, ces soldats étaient courageux et fermes. Le chroniqueur catholique Louvreleuil, curé de Saint-Germain-de-Calberte, les compare « à des rochers que les vents combattent en vain [7]. »

La *Relation historique* de M. de Labaume, éditée

1 Labaume, page 286.
2 Id. page 295.
3 Louvreleuil. *Fanatisme renouvelé*, II, 69.
4 *Journal des Camisards*, par Mme Demerez. *Chroniques du Languedoc*, page 90.
5 Montbonnoux. *Bulletin historique*, 15 mars 1873, page 127.
6 *Les Camisards à Calvisson*, par A. Germain.
7 *Fanatisme renouvelé*, I, 86.

et annotée par M. l'abbé Goiffon, patient et honorable archiviste du diocèse de Nimes, relation imprimée pour la première fois dans le journal royaliste, *la Gazette de Nimes*, affirme que les Camisards, au Pont-de-Lunel, démontant quatre marchands, se contentèrent de prendre leurs chevaux et leurs armes, et laissèrent leur valise où il y avait deux mille écus d'argent. Les Camisards n'étaient pas des voleurs.

S'ils ont subi le martyre, ils n'ont recherché ni la roue, ni la potence, ni le feu. L'esprit général, le caractère de cette héroïque prise d'armes, c'est la douleur de gens qui sont dérangés dans leurs habitudes et dans leur manière de vivre. Ils meurent bravement[1], chantant des psaumes, exhortant à la patience. On est obligé de couvrir leur voix par des roulements de tambour. Voyez les terribles réflexions de M. de Félice à ce sujet[2]. Il y a eu quelques défaillants[3], ils sont en minorité. Labaume[4], auteur peu favorable aux protestants, dit en parlant de Camisards suppliciés : « Tous ces scélérats moururent avec une intrépidité surprenante. » « Ils savaient que ce qui fait le martyre, ce n'est pas la mort, mais la patience[5]. » « Leurs ministres les avaient longtemps empêchés d'armer[6]. » Persécutés, ils ne se seraient fait aucun scrupule de fuir, s'ils l'avaient pu ; mais les Camisards étaient attachés au sol. Auraient-ils voulu fuir, ils ne pouvaient plus. Une ordonnance du roi les enfermait en France. Il est donc

1 *Mémoires d'un gentilhomme protestant* et Louvreleuil.
2 De Félice. *Histoire des protestants de France*, livres III et IV.
3 N. Peyrat. *Pasteurs du Désert*, I, 145.
4 *Relation historique*, page 381.
5 E. Chastel. *Le Martyre*, page 36.
6 Michelet, XIII, page 277, *Histoire de France*.

vrai de dire que la persécution leur a mis les armes à la main. Dans un moment d'enivrement, après une victoire inespérée, ils ont pu parler de « conquêter le pays[1]. » En vérité ils ne se sont ligués ni pour conquérir, ni pour piller, ni pour voler, ce qui me paraît analogue à conquérir; et, relativement à Cavalier, il est absolument inexact de dire que « Cavalier réunit dix-huit jeunes gens de Bagard, qu'il les harangua, et qu'il les conduisit à Saint-Martin de Corconac[2]. » Les jeunes gens de Bagard n'auraient point écouté ni Cavalier, ni un autre, si, tout au préalable, Louis XIV, Letellier et Louvois ne les eussent réduits à la dure nécessité de combattre de nouveau les catholiques [3].

§ 3. — ORGANISATION

Pour en venir à prendre les armes et à se servir de l'épée, il fallait que les dangers fussent bien grands, et il fallait aussi être décidé à toutes les exigences de la guerre ; il fallait des chefs et une certaine organisation.

Cette organisation de la guerre fut un souvenir de leur organisation pour la paix, qu'on leur arrachait. La religion calviniste a des corps qui fonctionnent régulièrement ; la religion anéantie, ces corps se trouvèrent sans tête; ils cherchèrent aveuglément à se reconstituer une

[1] *Mémoires d'un gentilhomme protestant. Bibliothèque universelle*, tome XXVI, page 146.

[2] *Mémoires de Jean Cavalier*, page 77 ; ces mémoires sont inexacts.

[3] Léonce Anquez, *Bulletin historique*, 15 juin 1866, page 259.

tête. Les Consistoires et le conseil des Anciens, supprimés par le fait de la révocation de l'Edit de Nantes, se sentirent revivre, involontairement, dans la situation nouvelle que leur faisait la persécution.

Ce qui donne la vie à un corps c'est l'idée mère constitutive de ce corps. Louis XIV avait bien pu décréter l'abolition des Consistoires et des conseils des Anciens, il ne pouvait faire que ces corps ne se souvinssent de leur existence. On ne décréte pas l'oubli.

Labaume, qui, en sa qualité de juge devait être soupçonneux, parle maintes fois d'un Consistoire secret [1]. Suivant ce passage, le baron de Salgas fait partie du Consistoire secret ; ce Consistoire secret, résidant à Nimes, a des relations avec Genève ; il était le véritable ressort de la machine [2] ; il faisait agir et mouvoir cette machine d'iniquité [3] (la révolte), il avait résolu le rétablissement du calvinisme en France [4] ; il poussait l'indiscrétion et la bonté jusqu'à faire les lettres de Cavalier [5], qui, sans ce Consistoire, n'aurait pu écrire un traître mot. Ce Consistoire, en mars 1704, entreprend de faire finir la révolte [6] et suscite le baron d'Aygaliers qui n'en parle pas.

En enlevant à cette assertion ce qu'elle a d'absolument incompatible avec l'idée calviniste, (un Consistoire ne pouvant exister où il n'y a plus d'église), et en remettant toute chose en sa vraie place, on aboutit à comprendre que l'esprit qui animait les anciens Consistoires

1 *Relation historique*, page 203.
2 *Relation historique*, page 154.
3 *Relation historique*, page 131.
4 N. Peyrat. *Pasteurs du Désert*, I, 408.
5 Labaume, page 131.
6 Labaume. *Relation historique*, page 283.

planait sur les églises démolies. La guerre venant, une organisation étant nécessaire en présence de périls inouïs, cet esprit dicta aux Camisards leur nouvelle organisation. Un pamphlet du temps parla d'un directoire secret [1], mais c'était pour renouveler les craintes vermoulues de la royauté. Ce ne furent ni les Consistoires, ni les Anciens d'aucun pays protestant qui fomentèrent la révolte en proposant une organisation. Je n'en veux pour preuve que la lettre de Genève aux Camisards, citée à la fin de la deuxième partie de ce travail. Les Camisards ont eu un exemple de bonne organisation, ils l'on suivi où ils l'ont trouvé; ils l'auraient longtemps attendu de la part de Bossuet ou d'Alexandre VIII.

Que l'esprit des anciens conseils, planant sur les ruines d'une église détruite, ait entrepris de faire finir la révolte, cela est probable; mais M. de Labaume sait bien que les montagnards des Cévennes et du Gardon sont difficiles à manier et qu'il serait mal venu chez eux le Conseil qui tantôt soufflerait froid et tantôt soufflerait chaud. Cependant l'honorable conseiller au Présidial de Nîmes n'a pas reculé devant l'hypothèse d'un corps tout puissant qui mène à son gré des hommes reconnus indomptables jusqu'à lui!

C'est qu'il y a quelque chose de vrai dans l'assertion de M. de Labaume. S'il n'y avait pas de consistoire secret, il y avait la trace, le souvenir d'une organisation que les esprits calvinistes avaient appris à apprécier et à aimer. Habitués à délibérer pendant la paix, les Calvinistes délibérèrent pendant la guerre. Elevés dans une religion républicaine [2], républicains eux-mêmes sous

[1] Michelet, XIII, 226.

[2] Montesquieu. *Esprit des lois*; livre XXIV, ch. V.

Louis XIV, les Calvinistes adaptèrent au combat l'organisation qu'ils avaient adoptée pour la prière et le culte. Il y eut des Consistoires martiaux, des conseils des Anciens, dont Ravanel, Jonquet, Clary, etc., faisaient partie [1]. On ne marchait, on ne se battait qu'après délibération et décision. Les coups des Camisards sont tellement portés juste qu'ils font penser à un ordre, à un esprit de suite et de justice dans ces représailles et ces vengeances ; ils inspirent à M. de Labaume une singulière réflexion [2].

Ce qui dominait, c'était un démocratique conseil de guerre, parfaitement établi, rigoureusement obéi, dont les prédicants étaient les orateurs et dont Cavalier faisait partie, sans en être le chef. Ce conseil de guerre donnait le mot d'ordre qui était suivi avec discipline, demandait les soldats, recevait les impôts [3], dirigeait les marches, renseignait le pays, nommait les chefs. Et pendant que les anciens consistoires priaient, à l'Etranger ou en France, ceux-ci, nés pour la défense, assis sur des ruines, délibéraient au nom de la liberté de conscience ; nommés par le peuple, ils avaient nommé Jean Cavalier, parce qu'ils avaient compris que Jean Cavalier, était capable, jeune encore, d'exécuter leurs ordres [4].

§ 4. — STRATÉGIE

Mme Demerez [5], sœur de l'Incarnation, et, après elle, M. Nap. Peyrat [6] médisent de l'art de la guerre. Ce

[1] *Bulletin historique et littéraire* ; 15 mars 1873, page 125.
[2] Labaume. *Relation historique*, page 205.
[3] Labaume. *Relation historique*, page 162.
[4] Voir Monthonoux. — Tobie Rocayrol. — *Bulletin historique*.
[5] *Journal des Camisards*.
[6] *Pasteurs du Désert*.

mépris est platonique. La sûreté de coup d'œil, un bon sens imperturbable, ne sont pourtant pas qualités à dédaigner. Ces qualités natives font le bon stratégiste. Certes, un conseil de guerre peut d'avance déterminer la base d'opérations, les points stratégiques, les lignes d'opérations, les points de refuge; on peut acquérir par le travail la science des combinaisons stratégiques, mais, mettre ces connaissances en œuvre au moment voulu, avoir l'esprit présent en toutes les occasions, voilà ce qui indique le bon capitaine.

Or, le mérite de Jean Cavalier, comme capitaine, est incontestable; ce boulanger était né guerrier. A Vagnas, le long du ravin de la Matte, — aux devois de Martiguargues, à Nages, son habileté, son courage et son sang-froid apparaissent avec assez d'éclat pour que Villars, homme expert en ces matières, donne un vrai certificat à Cavalier[1]. Mais il faut considérer dans l'éloge d'un capitaine ce qui vient de lui-même et ce qu'il doit à ses soldats.

Ordinairement, avec une armée qui se trouve en pays étranger, le chef est obligé de dire par quels passages pourra se mouvoir tel ou tel corps. La géographie et la topographie du pays doivent lui être parfaitement familières. Je ne doute pas que Jean Cavalier ne les connût autant qu'un autre, mais je suis en mesure d'affirmer que tous les Camisards connaissaient très-bien la géographie pratique de leur pays. Ils l'avaient

[1] Après la bataille de Nages, dit M. Puaux, le maréchal de Villars, qui se fit rendre compte du combat, lui rendit ce beau témoignage, que, dans les circonstances les plus épineuses, il se comporta comme aurait pu le faire un grand général. Voir Puaux, *Réformation française*, tome VI, page 310, et *Mémoires de Villars*.

parcouru comme paysans pour aller d'un marché à l'autre ; — dans les rangs de cette armée, pour chaque localité, se trouvaient des guides sûrs, adroits et dévoués.

Que Cavalier ait eu entre les mains un plan, dit *plan des cercles*[1], c'est ce que nul ne veut contester. Mais d'où provenait ce plan ? Assurément ce n'est pas Cavalier qui l'avait fait dresser, n'ayant sous ses ordres que des paysans encore moins lettrés que lui ; ce n'était pas non plus une réduction d'un cadastre, qui n'existait pas, le cadastre datant de la Révolution française.

M. C. Dardier, pasteur à Nimes, a découvert[2], dans les archives de la préfecture du Gard, une carte des Cévennes, faite à la main, et qui, suivant une judicieuse déduction, date de 1703. Cette carte, d'un travail exquis, est assurément un assemblage, une copie d'autres cartes, copie devant servir au maréchal qui commandait en Languedoc[3]. A cette époque il existait la carte de Cassini, et les cartes diocésaines, que les évêques avaient fait dresser, et dont l'usage est encore connu dans nos montagnes; le plan que Cavalier avait entre les mains, provenait probablement d'une copie de ces cartes diocésaines enlevées aux presbytères. Là-dessus, Cavalier put dresser son « chemin des cercles, » c'est-à-dire, les voies qu'il fallait suivre pour passer sûrement d'un cercle dans un autre. Les cercles sont des réunions de frères.

Ce « chemin des cercles, » dont Labaume donne un croquis assez exact[4], évitait surtout les plaines. Les Camisards hantaient de préférence les crêtes des monta-

1 Lamothe. *Les Camisards*; c'est un roman.

2 *Bulletin historique*, 15 mai 1878, page 239.

3 Louvreleuil, II, 65. *Fanatisme renouvelé.*

4 Labaume. *Relation historique*, page 116.

gnes et les bois ; c'est pourquoi les Etats du Languedoc firent construire, à cette époque, tant de routes dont le tracé est bien plus stratégique que commercial et agricole. On retrouve des traces de ces routes stratégiques au travers de toutes les lignes que suivaient les Camisards. Les chemins insurrectionnels des cercles sont coupés par les routes royalistes des Etats du Languedoc, mais les dragons croisaient inutilement le long de ces grandes voies d'éclairage ; les Camisards passaient au travers, le jour, à la faveur de toutes sortes de stratagèmes, et la nuit, cachés par les ténèbres.

Pour Cavalier, ces chemins des cercles avaient Nimes pour objectif ; Nimes était enveloppé aisément, adossé contre les bois, jouxte la colline où les Phocéens marseillais l'avaient construit autrefois. La clef des chemins des cercles se trouve actuellement quelque part dans le polygone d'artillerie que l'on vient de créer dans les environs de cette ville. La présence de ce polygone forcerait les cercles de Nimes à prolonger leur action sur Besouce et Saint-Gervasy, et forcerait une armée insurrectionnelle à livrer bataille, un jour ou l'autre, du côté de Rodilhan.

Les campagnes des Camisards étaient toujours des représailles. Quand un de leurs espions, (ils en avaient même dans les dragons [1]) les avertissait d'une marche de l'ennemi, ils se réunissaient ; les paysans des environs s'adjoignaient à eux [2] et le chef choisissait un terrain favorable à la bataille. C'est ainsi que Ravanel choisit le *Traôu dis Higanôu* au Val de Bane, et Cavalier, les défilés de la Droude, au devois de Martignargues.

[1] Mme Demerez. *Chroniques du Languedoc*, page 14.

[2] Louvreleuil, I, 127.

Ils essuyaient le premier feu[1] couchés et distancés, puis se relevaient et visaient juste. Ils avaient peu de cavalerie ; on prétend qu'ils allaient user du canon. Rien de moins certain.

Cavalier et ses montagnards avaient deviné l'usage des tirailleurs convenablement distancés et visant juste, et tandis que les masses de régiments de la marine ou autres, lentes à se mouvoir, faciles à décimer, visaient au hasard, les Camisards, guidés par Cavalier, se couchant ou se levant à sa voix ou sur un signe de sa part, embusqués dans les broussailles, visaient juste et terrifiaient un ennemi dont les rangs épais formaient comme une muraille de fer.

Les Camisards évitaient la plaine. Ils livraient bataille quand ils se croyaient sûrs de la victoire. Comme les anciens Gaulois, ils vociféraient en attaquant ; ils n'aimaient pas à s'engager contre les troupes du roi lorsqu'ils n'étaient pas très-bien renseignés. Si l'on trouve luttant un Camisard contre six royalistes, c'est que les Camisards et Cavalier se sont laissés surprendre. Cavalier a souvent dit : J'évitai les troupes du roi. Au combat de Nages, le marquis de Montrevel fut très-habile pour les surprendre et les envelopper.

En bataille[2], Cavalier divisait son armée en plusieurs petits corps, pour attaquer l'ennemi par plus d'endroits, disposant ces corps avec tant de proportion et de justesse, qu'ils pouvaient tous combattre séparément sans que l'un empêchât l'autre. Cette manière de combattre, c'était aussi celle qu'avait employée le fameux duc de Rohan[3].

[1] Labaume, page 213. — De Félice, page 464.

[2] Voir la composition du régiment de Cavalier dans la *Relation de Tobie Rocayrol*. *Bulletin historique*.

[3] Amelot de la Houssaye. *Trad. de Tacite*, 1716, IV, p. 233. — Louvreleuil, I, 33. *Fanatisme renouvelé*.

Ils avaient l'habitude d'emporter leurs morts [1]. Sitôt une affaire finie, ils se retiraient, partie dans leurs maisons, partie dans les forêts [2], ayant ainsi une landwehr et une landsturm. Quand ils brûlaient à un endroit, ils faisaient des détachements pour aller brûler en d'autres. Ils aimaient et excellaient à faire des diversions ; dispersés, ils se reconnaissaient à une cocarde verte, une feuille, un bout de frange [3].

Le point de refuge principal de la bande de Jean Cavalier était le Serre de Bouquet. Ce géant des basses Cévennes semble être le génie tutélaire de toutes les expéditions des Camisards de Cavalier. Ils ne quitteront ce point là que lorsque Nimes, leur objectif, sera en leur pouvoir. Il est facile de se convaincre de l'importance du Serre de Bouquet pour Jean Cavalier, en considérant que, de ce signal partent toutes ses lignes d'opérations, et c'est vers lui que convergent toutes ses marches.

Il y avait aussi des points de refuge intermédiaires ; c'étaient spécialement des villages aux lisières des bois : Vic-le-Fesq, Montignargues, Euzet. En outre, chaque Camisard se remettait dans sa maison, lorsqu'elle était assez rapprochée de lui [4].

Toute cette organisation n'était pas due à Jean Cavalier, mais il savait s'en servir, et on lui obéissait tellement bien, dit Mme Demerez, que c'était une chose merveilleuse [5].

Enfin, des cavernes spacieuses [6], situées en divers points du territoire, et notamment près d'Euzet, con-

[1] Labaume, page 135.
[2] Louvreleuil, I, 36.
[3] Labaume, page 171.
[4] Louvreleuil, I, 127.
[5] *Archives du Languedoc. — Journal des Camisards.*
[6] Court. *Histoire des Camisards*, I, 144.

tenaient les munitions et les vivres. On y soignait les blessés ; on avait des chirurgiens [1].

Comme du temps du duc de Rohan, les armées huguenotes étaient aussi pourvues d'aumôniers [2]. Cavalier se servait de Billard, prédicant, et parfois Cavalier lui-même faisait le culte et la prédication.

[1] Mme Demerez. — *Journal des Camisards.*

[2] De Félice. *Histoire des Protestants de France.*

CONCLUSIONS

Nous avons vu les faits, les influences religieuses et politiques, et l'organisation d'une lutte, en ce qui concerne Jean Cavalier. De près et non de loin tout ce que nous avons examiné dans cette étude imparfaite était nécessaire pour que nous puissions formuler une opinion sur Jean Cavalier. Nous avons dit aussi que ce souvenir était vivant encore dans les montagnes et dans les plaines du bas-Languedoc, et que nous voulions apporter dans notre travail toute l'impartialité et le calme désirables. Mépris d'une part et admiration de l'autre, indifférence systématique enfin pour la plupart, voilà ce que ce nom fait naître dans les esprits des habitants du Midi, suivant que ces esprits sont de telle ou de telle religion ; car dans le Midi, on trouve comme autrefois, les papistes, les huguenots et les sceptiques, nés, ces derniers, des conflits éternels du pouvoir civil et de la religion.

En suivant l'ordre inverse de celui que nous avons adopté, nous aurons à juger Cavalier d'abord comme guerrier, deuxièmement comme politique, enfin comme chrétien.

Cavalier est-il responsable de la guerre des Camisards? Sans chercher maintenant d'où viennent les torts, on peut affirmer que Cavalier ne fut pas le premier à prendre les armes, et il fut le premier à les déposer. Or, ce qui, dans l'esprit de M. J.-P. Hugues est une mauvaise note pour Jean Cavalier, à nos yeux parait un excellent témoignage en sa faveur; non-seulement Jean Cavalier ne fut pas le premier, mais, contrairement à ce que dit M. N. Peyrat[1], Cavalier n'assistait pas aux premières représailles des Camisards. En effet, l'archiprêtre Duchayla mourait le 24 juillet 1702, et Cavalier prêchait pour la première fois, en novembre, d'autres disent en décembre 1702, à Aiguesvives, cinq mois après cet événement. Louvreleuil dit[2] : « Deux autres bandes de Camisards ne troublaient et n'effrayaient pas moins les quartiers où elles se jetaient, que celle de Roland : l'une était commandée par le nommé Saint-Jean, originaire des Boutières, *qui fut complice de Laporte dans le meurtre de feu M. l'abbé Duchayla ;* l'autre avait pour chef le nommé Cavalier... » Il avait terminé son apprentissage en 1701, et, suivant Labaume[3], il resta deux ans à Genève, ce qui concorde très-bien avec un retour de Cavalier en novembre 1702. Les deux années d'absence sont : la fin de 1701 et presque toute l'année 1702. Et comme, en fait d'apologie des protestants, les témoignages de ces deux chroniqueurs sont précieux, nous affirmons que Jean Cavalier ne fut pour rien dans la déclaration de guerre.

Déterminer qui l'a vraiment commencée n'appartient pas à cette étude, qui, à bien considérer, n'a jamais que Cavalier pour objectif. Il suffit de dire que Cavalier a trouvé la révolte tout entamée.

Mais, une fois engagé dans la lutte, Cavalier prend la

1 N. Peyrat. *Pasteurs du Désert*, I, 299.

2 Louvreleuil. *Fanatisme renouvelé*, I, 77.

3 *Relation historique*, page 62.

plus grande part de responsabilité, parce que les maux de la guerre sont d'autant plus grands que le pays où se débat cette guerre est plus populeux et plus riche. Cavalier travaillait dans la Gardonnenque, la plaine de Jalez, la Vaunage et la Vistrenque ; là se trouvaient les fermes les plus grasses, les populations les plus nombreuses. Chaque coup porté là, grondait d'un retentissement immense ; c'est ce qui fit la gloire et la responsabilité de Jean Cavalier ; c'est aussi ce qui explique ces mots de d'Aygaliers[1] « Cavalier s'était acquis le plus de réputation » et ceux-ci de Louvreleuil : « Cavalier qui a fait plus de bruit et plus de mal qu'aucun autre rebelle[2]. » Mais la nature du pays n'aurait pas suffi si Cavalier n'avait été aidé par des soldats entreprenants et connaissant très-bien tous les défilés et tous les sentiers. Ce fut le hasard de la naissance qui fit placer Cavalier dans le Bas-Languedoc et ce ne fut certainement pas Cavalier qui donna à ses hommes la connaissance des localités.

Cette part faite aux hommes et aux lieux, ajoutons que Cavalier sut très-bien diriger, commander, et, au besoin, dompter ces indomptables montagnards. « Qui croirait qu'un jeune homme, un enfant presque, d'une jolie figure, puisse avoir un si merveilleux ascendant sur ces farouches populations ? » « On dit qu'il n'a qu'à porter la main toute droite au-dessus de ses yeux, justement sous les sourcils, et que dès l'instant tout joue son personnage[3]. »

On peut voir, au travers de ces exagérations de la trop crédule assistante au grand couvent des Ursulines de

[1] Bibliothèque universelle. *Mémoires d'un gentilhomme protestant.*
[2] *Fanatisme renouvelé*, t. 77.
[3] Sœur Demerez. — *Journal des Camisards*, (passim).

Nimes, l'attraction et l'enthousiasme que Jean Cavalier avait su inspirer à ses acolytes. Ces populations aiment à se donner et ne se vendent pas. Elles s'étaient données à ce jeune chef, elles l'aimaient, et cela seul aurait suffi pour donner à Cavalier le sang-froid et l'habileté dans le danger, la prudence et la prévoyance pendant la guerre. A Calvisson il éprouve le pain que M. Bestie avait fait préparer pour les Camisards [1]. Au combat de Nages, il avait laissé passer ses troupes et restait seul avec quelques soldats d'élite pour protéger un pont.

Le but que Cavalier poursuivait par les armes, était-il bien celui qu'il a indiqué dans sa lettre au comte de Roure, et maintes fois répété dans des lettres à Montrevel ou à d'autres, soit à la conférence de Nimes, soit même dans ses Mémoires? Sans doute, mais Cavalier fut joué par Villars, qui, connaissant sa vanité, l'appelait : Seigneur Cavalier. Ce but, qui était le relèvement des temples, la liberté de conscience, le libre exercice de la religion réformée, s'effaça devant l'éclat des galons de colonel du roi ! Le but des Camisards ne fut pas atteint, puisque le 29 mai 1704, quelques jours après la signature du traité, « le maréchal de Villars prit une ordonnance qui défend, à peine de la vie, de s'assembler et de faire aucun exercice de la religion prétendue réformée [2]. » Le commandement militaire était un moyen, il en fit un but particulier ; il voulut une charge. Il perdit l'estime de la plupart de ses compagnons de danger et fut nommé colonel ; ce fut à la fois sa récompense et son châtiment.

[1] *Les Camisards à Calvisson*, d'après un manuscrit découvert par A. Germain.

[2] Labaume. *Relation historique*, page 319.

Mais du moins va-t-il servir sa patrie? Non : il s'enfuit à Onan sur quelques indices de mauvais augure. Il va à l'étranger qu'il avait appris à connaître, par les espions nombreux, dont nous avons cité quelques relations, et dont il n'avait du reste reçu que des promesses, qu'il va faire mettre à exécution, en promettant sans doute de son côté, une descente dans le Languedoc. (On trouverait sans doute, dans les *Archives de la guerre*, à Paris, des renseignements précieux dans la correspondance de M. de Chamillart avec ses agents en Hollande et en Savoie.)

Donc, comme capitaine, Cavalier a su mériter l'estime de ses compagnons et les éloges de M. de Villars [1].

Mais comme politique? Le maréchal de Berwick dit dans ses mémoires [2] : « Il est étonnant que les Anglais » et les Hollandais qui fomentaient sous main cette » révolte, ne leur envoyassent pas des chefs capables » de mieux conduire les affaires. » C'est que les chefs Camisards ne voulaient pas recevoir d'ordre de l'étranger, et que, en particulier, Cavalier ne comprenait pas que l'action violente dirigée par lui dans les basses Cévennes, était funeste à la France et favorable à l'étranger; un bon politique se serait bien gardé de compromettre la patrie au moment où elle était en guerre au dehors, ou du moins embarrassée dans des préparatifs de guerre.

Cette insurrection, « âpre, violente, fougueuse, parfois » féroce, quelquefois généreuse et, presque toujours » sublime [3] » était une « aberration de la conscience

[1] Lettre citée de M. de Villars au ministre Chamillart.

[2] *Mémoires de Berwick*, page 181. Hachette, 1872.

[3] J.-P. Hugues. *Histoire de l'Eglise réformée d'Anduze*, page 751.

politique, » insurrection que « le parti chrétien rejette, » non pas seulement à cause de quelques textes, mais » en vertu de l'idéal d'une société qui ne se christia- » nisera que quand les chrétiens citoyens n'emploie- » ront dans la vie publique que des moyens spirituels, » comme l'est le but. On ne fait pas l'ordre avec du » désordre, du mal pour qu'il en arrive du bien, et cette » loi de la Providence est assez prouvée, que lorsqu'on » sème le vent, on moissonne la tempête [1]. »

Cavalier voulut revenir en arrière, il était trop tard. L'heure de la conciliation pouvait sonner pour lui, mais non pour ces montagnards qui apprenaient peu à peu le métier terrible de soldat ; du reste, ces montagnards avaient juré de reconquérir leur liberté et ils voyaient clairement que leur chef avait été joué par Villars, plus habile politique que l'ancien *pitot* de Lacombe.

Aussi, après le traité de Nimes, Cavalier a-t-il été blâmé, repoussé [2] par les siens, qui ont vu en lui un traître. Cependant « Cavalier, traitant pour son compte ne trahissait pas [3]. » « Cavalier fut dupe et non pas traître [4]. » « Cavalier fut un enfant dupe de ses rêves de gloire, il avait été à l'épreuve de l'or, et non à l'épreuve de la louange et de la gloire [5]. »

Mais qu'eut-il fallu pour que Cavalier ne fut pas dupe ? Qu'il fut chrétien, et il ne l'était pas. Sans doute, grâce à

[1] *Etude sur les conditions du développement social du Christianisme*, par A Bouvier. Genève, 1851.

[2] N. Peyrat. *Pasteurs du Désert*, II, 173. — *Mémoires d'Aygaliers*. Biblioth. universelle, page 145-626. — Montbonnoux. — *Bulletin historique*. — *Ubi suprà*.

[3] P. Corbière. *Bulletin historique*, 15 juillet 1876, page 300.

[4] Bonnemère. *Les Dragonnades*.

[5] N. Peyrat. *Pasteurs du Désert*, II, 137.

l'influence de sa mère, Jean Cavalier ne versa pas dans le catholicisme, mais il ne pratiqua pas les préceptes du Maître doux et humble qui a dit[1] : « Possédez vos âmes par votre patience. »

Il y avait trois lignes de conduite à tenir pour les protestants des Cévennes : simuler une conversion et accepter de bouche ce que le cœur refusait. C'est ce que firent les nouveaux convertis. — Prendre les armes, vaincre ou mourir ; c'est ce que firent Roland, Ravanel, Boëton et tant d'autres ; — supporter tout et donner sa vie en sacrifice à la vérité quand on ne pouvait plus fuir. Cette dernière ligne de conduite était la voie vraiment chrétienne. Pour ne pas l'avoir suivie, Roland, le véritable type de cette guerre, devint triste et sombre à la fin de sa carrière. Pour ne pas l'avoir suivie, Cavalier menaçait ses amis de tout quitter[2], se sentant abandonné de Dieu. Découragé, il sentait bien que la religion de sa mère, la religion réformée ne demande pas le règne de ce monde par l'effusion du sang de ses ennemis, mais veut le règne de Dieu par l'effusion du sang des vrais disciples de Jésus-Christ.

Prédicateur, Jean Cavalier n'a vu dans la parole qu'un moyen d'ambition personnelle. Supposé que tous les protestants des Cévennes, nos aïeux, aient été exterminés, cela eut mieux valu pour la cause de la vérité que les sanglantes représailles auxquelles ils se sont livrés. Bâville, Louis XIV, eussent peut-être reculé devant ces hécatombes. Rome avait pu faire disparaître des sectes, mais la religion réformée aurait résisté là où les Cathares, les Albigeois et autres sectes étaient impuissantes ;

[1] Luc, XXI, 19.

[2] *Bulletin historique*, 15 mars 1873, pages 125, 126.

parce que la religion réformée n'est pas une secte, et que le vrai sectaire, en ce cas, c'était le roi.

Ce n'est ni l'insurrection cévenole, ni l'épée de Jean Cavalier qui ont sauvé la vérité chrétienne toujours desservie par le pouvoir civil. La prière et le sacrifice, voilà les seules armes qu'il faut opposer à l'intolérance et à la persécution.

Mais si Cavalier eut tort, bien plus tort encore eut l'Etat qui, « par des lois financières ou autres aurait dû, dès longtemps, empêcher le protestantisme de devenir un état dans l'état[1]. »

« Malheur aux peuples que l'Eglise parvient à subjuguer[2]. » C'est l'Etat qui est responsable des fautes de Cavalier. Enlevant toute instruction, arrêtant l'esprit humain dans sa marche progressive, luttant violemment contre un ordre de chose inéluctable qu'il doit comprendre et régler, il est seul responsable des maux qu'il lui était facile d'éviter en laissant tranquilles des gens inoffensifs sans son intervention. Le blâme est débordé par la pitié quand on voit tant de sottises et tant d'aveuglement de part et d'autre ; et nous en venons jusqu'à plaindre le trisaïeul de Louis XVI, que la faute de ses ministres contraignit de traiter d'égal à égal avec un garçon-boulanger[3].

Si la fin justifiait les moyens, Cavalier se serait conduit en homme de sens au moment de sa reddition ; mais cette sagacité qu'il montrait au moment du combat ou dans ses affaires particulières, il l'aurait pu exercer plus heureusement et plus utilement en demeurant un

[1] Coulin. *Conférence du 16 mai 1879*, page 10.
[2] C. Callet. *L'Eglise devant l'Etat*. Genève, 1876.
[3] A. Michel. *Louvois et les protestants*, 326.

chrétien soumis et fidèle, et si, enfant d'un Dieu de paix, il ne s'était pas laissé constituer le ministre de la guerre. Hélas ! la politique s'est entremise entre le prédicateur et l'homme : du prédicateur, elle a fait un sceptique ordonnant à Catinat de mettre pied à terre devant la procession, à Nimes [1] ; de l'homme, elle en a fait un vengeur et un guerrier, tandis que Jésus-Christ en eut fait un héros, et qui sait, peut-être un obscur martyr, ce qui eut valu beaucoup mieux.

[1] N. Peyrat. *Pasteurs du Désert*, II, 159.

FIN

VII

Le Protestantisme français n'a rien gagné aux victoires de Cavalier.

VIII

Une Eglise nationale n'a pas le droit d'imposer une confession de foi.

IX

Chaque Eglise doit choisir son pasteur.

X

Un peuple instruit, mais sans principes religieux, n'est pas un peuple libre.

XI

La doctrine des peines éternelles est incompatible avec l'idée de la bonté de Dieu.

XII

Tous les hommes religieux peuvent se réunir sur ce terrain commun : Dieu Père et Jésus-Christ Sauveur

---

La Faculté de théologie, chargée par le règlement de l'Université d'examiner la présente thèse, en autorise l'impression, sans prétendre exprimer par là d'opinion sur les propositions qui y sont énoncées.

Genève, le 29 juin 1879.

Le Doyen de la Faculté,

H. OLTRAMARE, Pr, Pr.

TABLE

—

Nimes. — Imp. Roger et Laporte, place Saint-Paul, 5. — 7-79

THÈSES

I

Cavalier est né en 1685, au mas de Roux, et non en 1680, au village de Ribaute.

II

Jean Cavalier n'a pas eu d'instituteur religieux protestant.

III

Jean Cavalier n'a pas assisté au meurtre de l'archiprêtre Duchayla.

IV

Des trois partis qui se trouvaient en présence après la révocation de l'édit de Nantes: 1° les jésuites; 2° les nouveaux convertis; 3° les Camisards; le plus honorable est encore celui des Camisards.

V

Cavalier a plutôt obéi aux hommes qu'à Dieu.

VI

Le chrétien doit refuser à César ce qui n'appartient qu'à Dieu, mais il doit à Dieu tout sacrifice, hors celui de Dieu.

www.ingramcontent.com/pod-product-compliance
Ingram Content Group UK Ltd.
Pitfield, Milton Keynes, MK11 3LW, UK
UKHW021106270726
13993UKWH00006B/1054

9 782329 213156